D1735767

Christian Schloyer · JUMP 'N' RUN

Christian Schloyer

JUMP 'N' RUN

Gedichte

poetenladen

Erste Auflage 2017
© 2017 poetenladen, Leipzig
Alle Rechte vorbehalten
ISBN 978-3-940691-86-6

Umschlaggestaltung: Michael Jordan
Levelgrafik & -design: Christian Schloyer
Druck: Pöge Druck, Leipzig
Printed in Germany

Poetenladen, Blumenstraße 25, 04155 Leipzig, Germany
www.poetenladen-der-verlag.de
www.poetenladen.de
verlag@poetenladen.de

IN MEMORIAM

Anneliese und Falk

START

Hallo, *Player One,* beginne hier!
(Jeder Level besitzt [mindestens] ein Start-Icon. Anfangs sind das Schilder mit der Aufschrift *START,* später variieren die Icons. Gibt es mehr als einen Start, suche dir aus, wo du beginnen möchtest.) Springe nun zum Textblock nach rechts!

Dies ist deine Spielfigur. Sie repräsentiert das lesende Subjekt. *Sie ist du.* Das mag verwirrend sein, hat aber ansonsten keine Funktion. Springe weiter nach rechts!

Klar: hier geht es nur nach unten weiter!

Hier geht es – entgegen der Pfeilspitze – nur nach rechts weiter: *Dieser* Sprungpfeil funktioniert in beide Richtungen! (Der Weg nach oben ist leider blockiert.)

Glückwunsch, Player One! Du hast das Tutorial erfolgreich gemeistert. Nun folge dem Schild und blättere weiter zu *LEVEL 1!* Bevor du einen *Ladebildschirm* über- blätterst, halte kurz ein: Auf der folgenden Doppelseite erfährst du, wie die nächste Spielwelt heißt – und du kannst die hierfür passende Geräuschkulisse laden!

Eine wichtige Grundregel: Lies immer zuerst *den kompletten Textblock* (von Anfang an), bevor du einem Sprungpfeil, einer Leiter (oder einer Treppe) zu einem weiteren Block folgst. Klettere nun mithilfe der Leiter nach unten zum nächsten Block.

Jetzt hast du die Wahl: Springe nach links, nach rechts, oder klettere weiter nach unten. Nach oben klettern ist nicht erlaubt: Ein *Falsche-Richtung!*-Schild versperrt den Weg! (Das runde Schild mit dem weißen Balken blockiert immer nur *ein* Leiter- oder Treppen-Ende.)

Wenn du nichts verpassen möchtest (beispielsweise Pfeile und Leitern, die beidseitig passierbar sind), klettere nach unten. Der kürzeste Weg aus dem Tutorial führt über die Leiter nach oben!

Den linken Sprungpfeil (Pfeil mit zwei Spitzen) und die Leiter kannst du in beide Richtungen passieren! Also: *Nach links springen – oder nach oben klettern?*

Hier gibt es keine Wahl: weiter nach links! (Der Weg nach oben ist leider blockiert.)

PLEASE WAIT,
LOADING NEXT WORLD ...

PLEASE SCAN QR-CODE
FOR SFX / SOUND!

TESTUMGEBUNG
IM HIMMEL

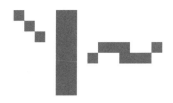

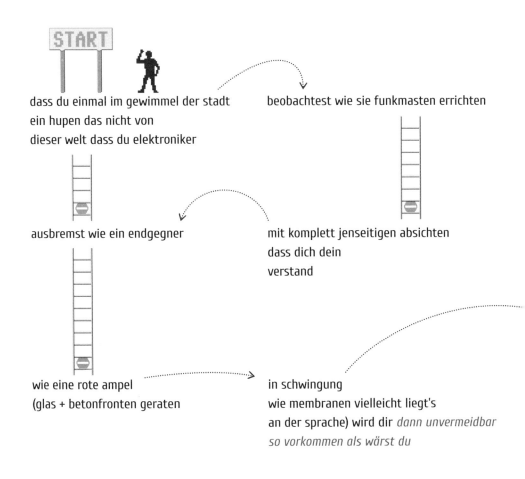

dass du einmal im gewimmel der stadt
ein hupen das nicht von
dieser welt dass du elektroniker

beobachtest wie sie funkmasten errichten

ausbremst wie ein endgegner

mit komplett jenseitigen absichten
dass dich dein
verstand

wie eine rote ampel
(glas + betonfronten geraten

in schwingung
wie membranen vielleicht liegt's
an der sprache) wird dir *dann unvermeidbar*
so vorkommen als wärst du

es ist kein auskommen (mit deiner sprache)

auf ihrer gegen-
läufigen flucht & einander gefahren
zurufen die noch vor euch liegen
wahrscheinlich dass
dich deine sprache

jemand anderes
als deine sprache
dir vorgibt zu sein **zwei voll-**
kommene aber unterschiedliche planeten
oder flüchtende die sich begegnen

dann nicht mehr begreift
(als müsstet ihr bewusstseinszustände vor +
nach dem aufwachen miteinander
vergleichen)

im trippelschritt
in glaspantöffelchen
(man kann

euch zwitschern hören)
klopf an! **wenn du dich**
befragen willst nach dem wohin
+ woher

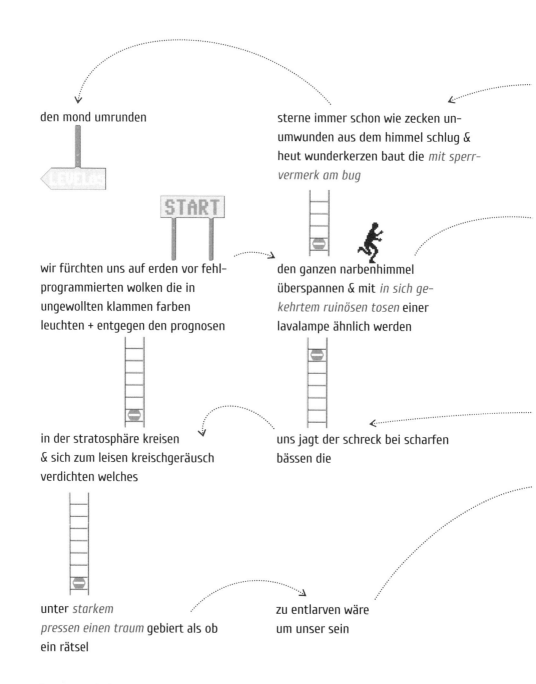

den mond umrunden

sterne immer schon wie zecken un-
umwunden aus dem himmel schlug &
heut wunderkerzen baut die *mit sperr-
vermerk am bug*

START

wir fürchten uns auf erden vor fehl-
programmierten wolken die in
ungewollten klammen farben
leuchten + entgegen den prognosen

den ganzen narbenhimmel
überspannen & mit *in sich ge-
kehrtem ruinösen tosen* einer
lavalampe ähnlich werden

in der stratosphäre kreisen
& sich zum leisen kreischgeräusch
verdichten welches

uns jagt der schreck bei scharfen
bässen die

unter *starkem
pressen einen traum* gebiert als ob
ein rätsel

zu entlarven wäre
um unser sein

bevor sich gewitter in baeumen verfaengt

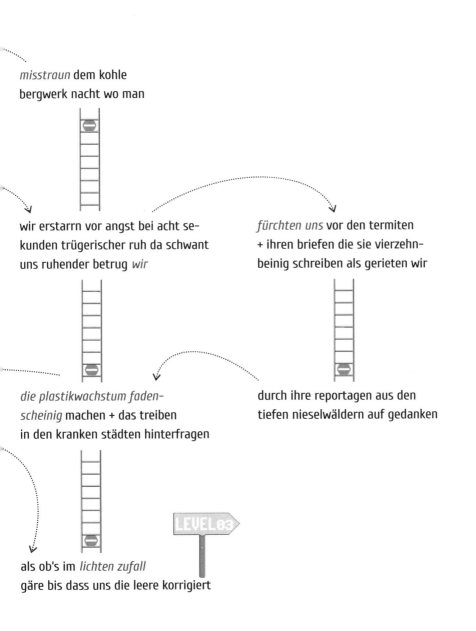

misstraun dem kohle
bergwerk nacht wo man

wir erstarrn vor angst bei acht se-
kunden trügerischer ruh da schwant
uns ruhender betrug *wir*

fürchten uns vor den termiten
+ ihren briefen die sie vierzehn-
beinig schreiben als gerieten wir

*die plastikwachstum faden-
scheinig* machen + das treiben
in den kranken städten hinterfragen

durch ihre reportagen aus den
tiefen nieselwäldern auf gedanken

als ob's im *lichten zufall*
gäre bis dass uns die leere korrigiert

LEVEL 03

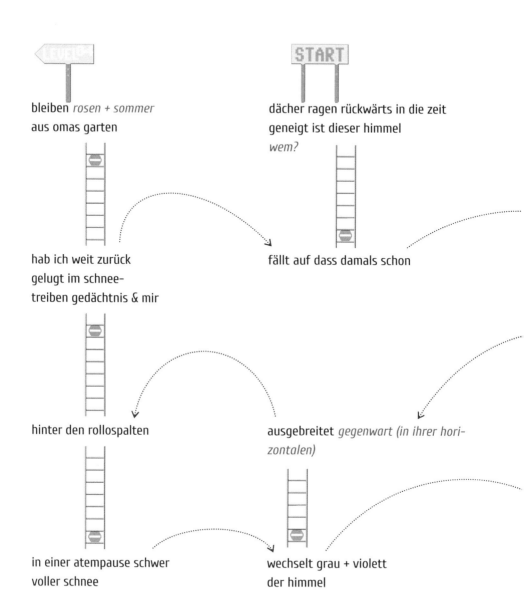

bleiben *rosen + sommer*
aus omas garten

hab ich weit zurück
gelugt im schnee-
treiben gedächtnis & mir

hinter den rollospalten

in einer atempause schwer
voller schnee

dächer ragen rückwärts in die zeit
geneigt ist dieser himmel
wem?

fällt auf dass damals schon

ausgebreitet *gegenwart (in ihrer hori-
zontalen)*

wechselt grau + violett
der himmel

salzsaeulen nach athen tragen

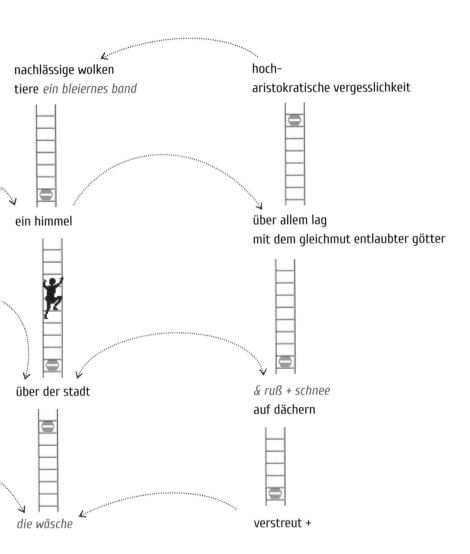

nachlässige wolken
tiere *ein bleiernes band*

hoch-
aristokratische vergesslichkeit

ein himmel

über allem lag
mit dem gleichmut entlaubter götter

über der stadt

& ruß + schnee
auf dächern

die wäsche

verstreut +

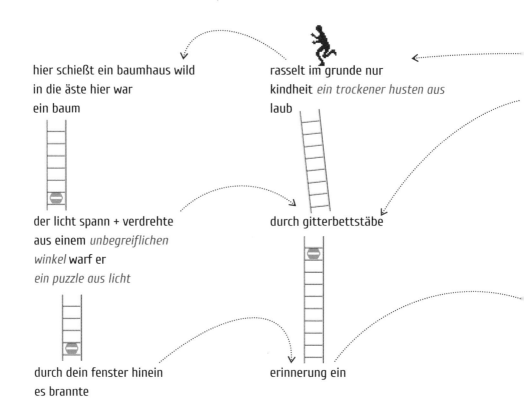

hier schießt ein baumhaus wild
in die äste hier war
ein baum

rasselt im grunde nur
kindheit *ein trockener husten aus*
laub

der licht spann + verdrehte
aus einem *unbegreiflichen*
winkel warf er
ein puzzle aus licht

durch gitterbettstäbe

durch dein fenster hinein
es brannte

erinnerung ein

panzerallee ecke bushaltestelle

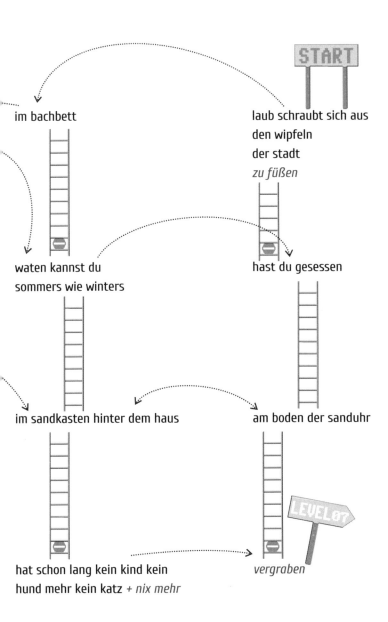

im bachbett

laub schraubt sich aus
den wipfeln
der stadt
zu füßen

waten kannst du
sommers wie winters

hast du gesessen

im sandkasten hinter dem haus

am boden der sanduhr

hat schon lang kein kind kein
hund mehr kein katz + *nix mehr*

vergraben

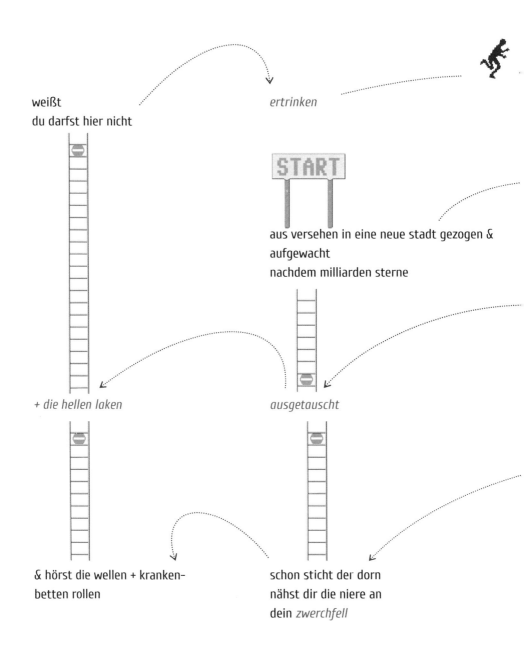

weißt
du darfst hier nicht

ertrinken

START

aus versehen in eine neue stadt gezogen &
aufgewacht
nachdem milliarden sterne

+ die hellen laken

ausgetauscht

& hörst die wellen + kranken-
betten rollen

schon sticht der dorn
nähst dir die niere an
dein *zwerchfell*

liegst im bett & weiszt nicht wo die seele liegt

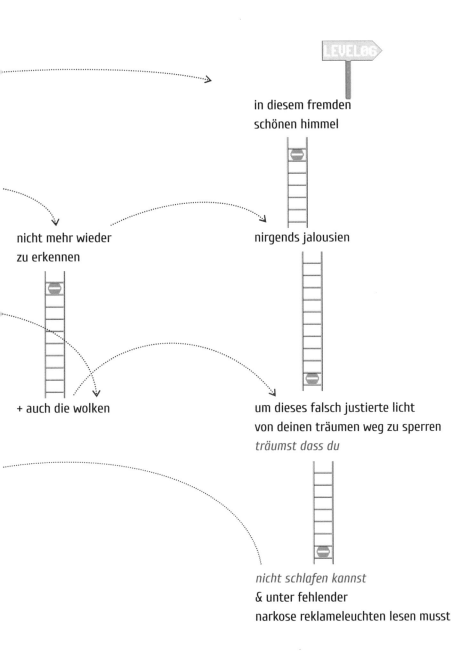

LEVEL06

in diesem fremden
schönen himmel

nicht mehr wieder
zu erkennen

nirgends jalousien

+ auch die wolken

um dieses falsch justierte licht
von deinen träumen weg zu sperren
träumst dass du

nicht schlafen kannst
& unter fehlender
narkose reklameleuchten lesen musst

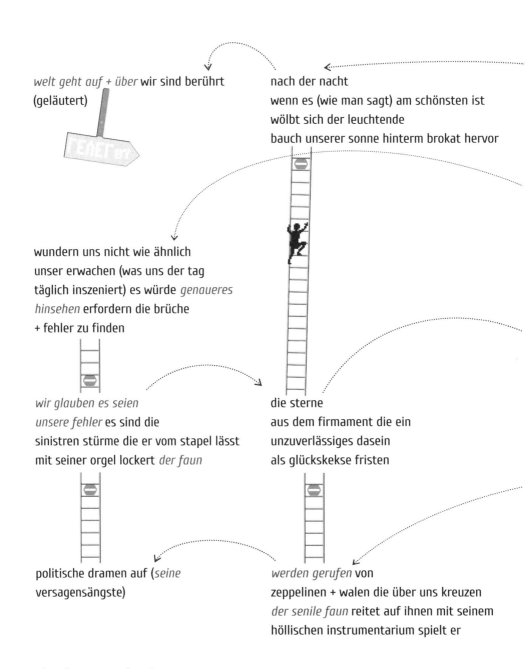

welt geht auf + über wir sind berührt
(geläutert)

nach der nacht
wenn es (wie man sagt) am schönsten ist
wölbt sich der leuchtende
bauch unserer sonne hinterm brokat hervor

wundern uns nicht wie ähnlich
unser erwachen (was uns der tag
täglich inszeniert) es würde genaueres
hinsehen erfordern die brüche
+ fehler zu finden

wir glauben es seien
unsere fehler es sind die
sinistren stürme die er vom stapel lässt
mit seiner orgel lockert der faun

die sterne
aus dem firmament die ein
unzuverlässiges dasein
als glückskekse fristen

politische dramen auf (seine
versagensängste)

werden gerufen von
zeppelinen + walen die über uns kreuzen
der senile faun reitet auf ihnen mit seinem
höllischen instrumentarium spielt er

checksummentest

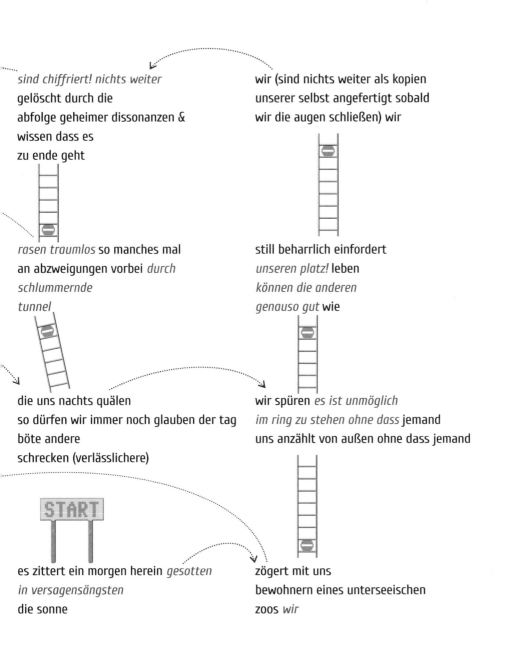

sind chiffriert! nichts weiter
gelöscht durch die
abfolge geheimer dissonanzen &
wissen dass es
zu ende geht

wir (sind nichts weiter als kopien
unserer selbst angefertigt sobald
wir die augen schließen) wir

rasen traumlos so manches mal
an abzweigungen vorbei *durch*
schlummernde
tunnel

still beharrlich einfordert
unseren platz! leben
können die anderen
genauso gut wie

die uns nachts quälen
so dürfen wir immer noch glauben der tag
böte andere
schrecken (verlässlichere)

wir spüren *es ist unmöglich*
im ring zu stehen ohne dass jemand
uns anzählt von außen ohne dass jemand

START

es zittert ein morgen herein *gesotten*
in versagensängsten
die sonne

zögert mit uns
bewohnern eines unterseeischen
zoos *wir*

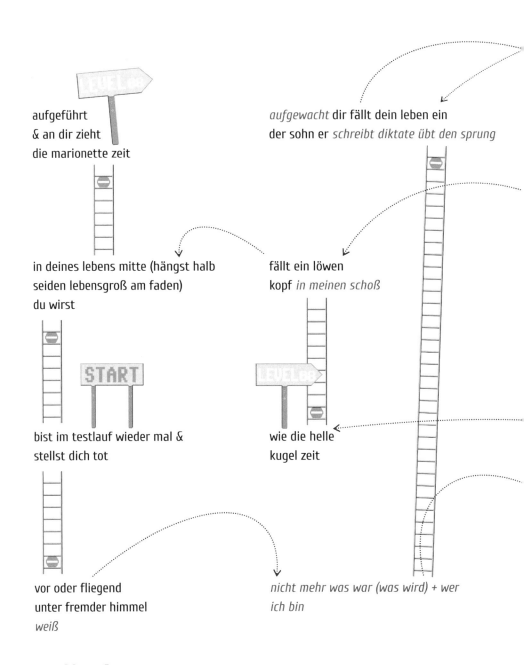

aufgeführt
& an dir zieht
die marionette zeit

aufgewacht dir fällt dein leben ein
der sohn er *schreibt diktate übt den sprung*

in deines lebens mitte (hängst halb
seiden lebensgroß am faden)
du wirst

fällt ein löwen
kopf *in meinen schoß*

bist im testlauf wieder mal &
stellst dich tot

wie die helle
kugel zeit

vor oder fliegend
unter fremder himmel
weiß

*nicht mehr was war (was wird) + wer
ich bin*

rueckkopplung

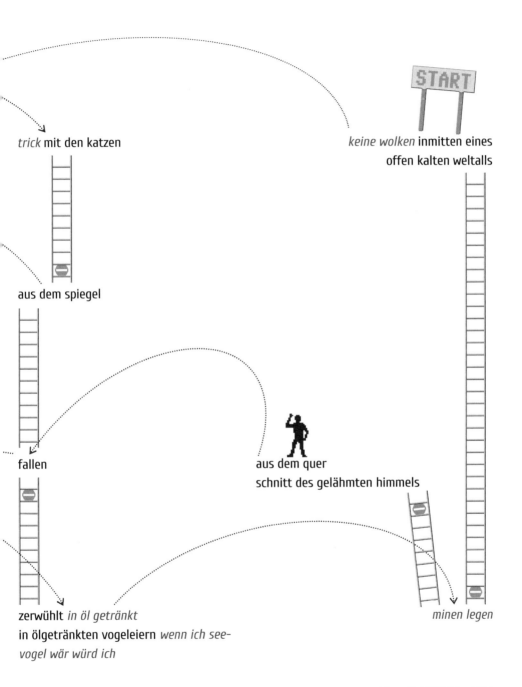

trick mit den katzen

START

keine wolken inmitten eines
offen kalten weltalls

aus dem spiegel

fallen

aus dem quer
schnitt des gelähmten himmels

zerwühlt in öl getränkt
in ölgetränkten vogeleiern wenn ich see-
vogel wär würd ich

minen legen

hab dich *gefunden!*

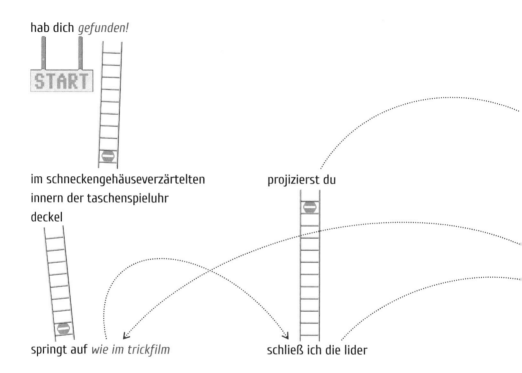

START

im schneckengehäuseverzärtelten
innern der taschenspieluhr
deckel

projizierst du

springt auf *wie im trickfilm*

schließ ich die lider

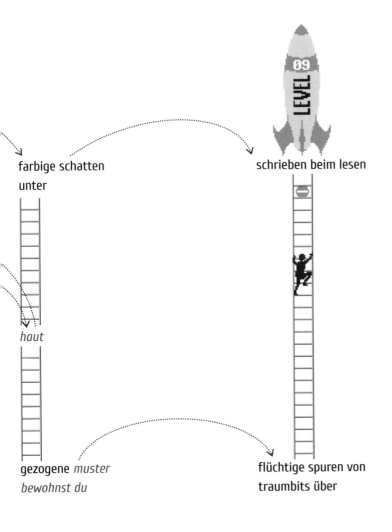

farbige schatten

unter

haut

gezogene *muster*
bewohnst du

schrieben beim lesen

flüchtige spuren von
traumbits über

PLEASE WAIT,
LOADING NEXT WORLD ...

PLEASE SCAN QR-CODE
FOR SFX / SOUND!

GATED COMMUNITY

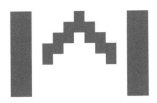

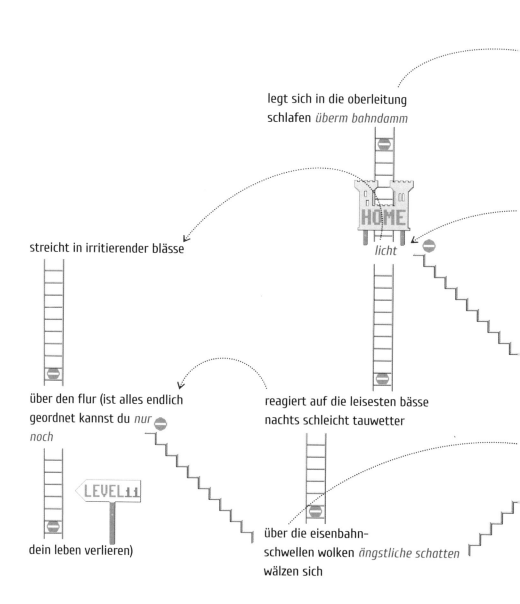

legt sich in die oberleitung
schlafen *überm bahndamm*

streicht in irritierender blässe

licht

über den flur (ist alles endlich
geordnet kannst du *nur*
noch

reagiert auf die leisesten bässe
nachts schleicht tauwetter

LEVEL11

dein leben verlieren)

über die eisenbahn-
schwellen wolken *ängstliche schatten*
wälzen sich

homunkulus

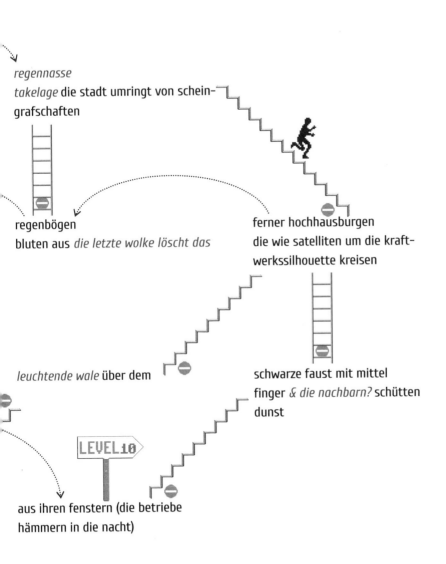

regennasse
takelage die stadt umringt von schein-
grafschaften

regenbögen
bluten aus *die letzte wolke löscht das*

ferner hochhausburgen
die wie satelliten um die kraft-
werkssilhouette kreisen

leuchtende wale über dem

schwarze faust mit mittel
finger *& die nachbarn?* schütten
dunst

LEVEL 10

aus ihren fenstern (die betriebe
hämmern in die nacht)

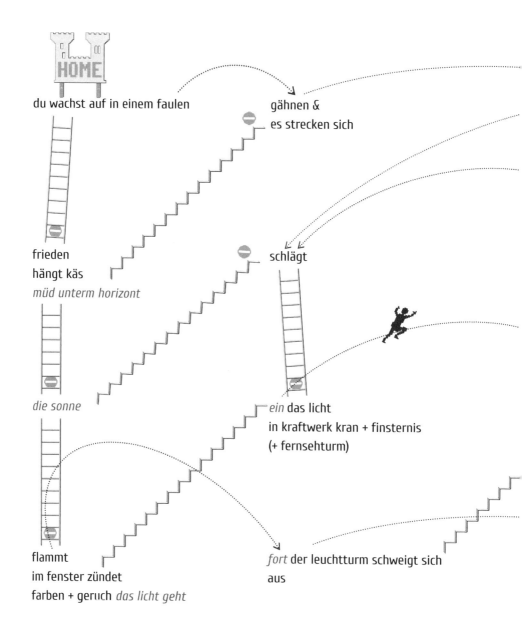

HOME

du wachst auf in einem faulen

gähnen &
es strecken sich

frieden
hängt käs
müd unterm horizont

schlägt

die sonne

ein das licht
in kraftwerk kran + finsternis
(+ fernsehturm)

flammt
im fenster zündet
farben + geruch *das licht geht*

fort der leuchtturm schweigt sich
aus

flammen

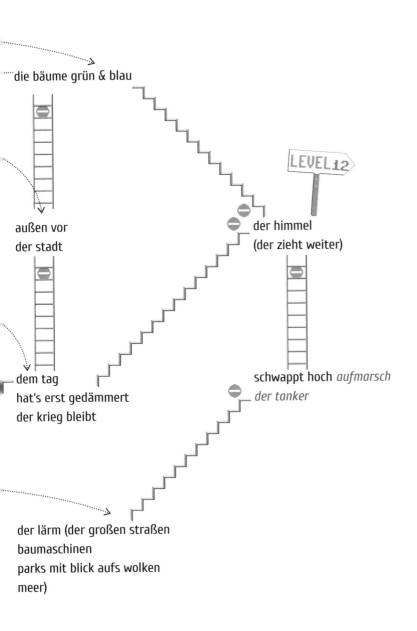

die bäume grün & blau

LEVEL 12

außen vor
der stadt

der himmel
(der zieht weiter)

dem tag
hat's erst gedämmert
der krieg bleibt

schwappt hoch *aufmarsch*
der tanker

der lärm (der großen straßen
baumaschinen
parks mit blick aufs wolken
meer)

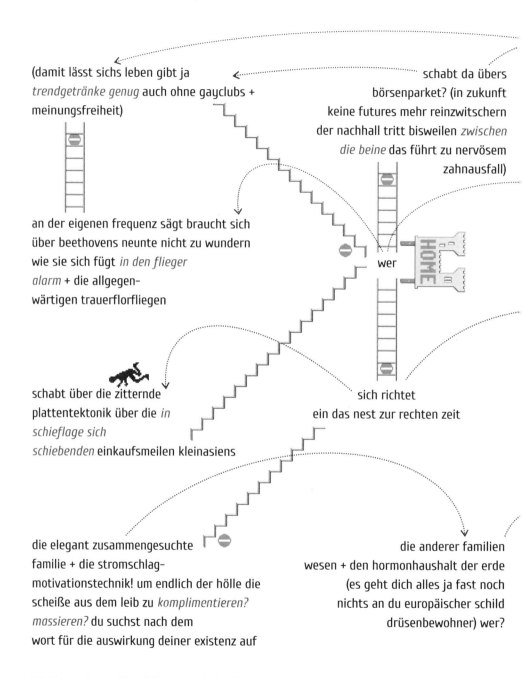

(damit lässt sichs leben gibt ja
trendgetränke genug auch ohne gayclubs +
meinungsfreiheit)

schabt da übers
börsenparket? (in zukunft
keine futures mehr reinzwitschern
der nachhall tritt bisweilen *zwischen
die beine* das führt zu nervösem
zahnausfall)

an der eigenen frequenz sägt braucht sich
über beethovens neunte nicht zu wundern
wie sie sich fügt *in den flieger
alarm* + die allgegen-
wärtigen trauerflorfliegen

wer

schabt über die zitternde
plattentektonik über die *in
schieflage sich
schiebenden* einkaufsmeilen kleinasiens

sich richtet
ein das nest zur rechten zeit

die elegant zusammengesuchte
familie + die stromschlag-
motivationstechnik! um endlich der hölle die
scheiße aus dem leib zu *komplimentieren?
massieren?* du suchst nach dem
wort für die auswirkung deiner existenz auf

die anderer familien
wesen + den hormonhaushalt der erde
(es geht dich alles ja fast noch
nichts an du europäischer schild
drüsenbewohner) wer?

kleine demotivationsmeditation

ausgeglichenheit ist kein
linksdrehender yogabalanceakt *im jenseits*
schnall dir deine
apothekenweisheiten gelegentlich
auch mal ans andere bein

bist du mauerstraßenbauer! bist du luxus
logenzombie in einer welt ohne zäune *aber*
mit fenstern voller schnatternder gatter

sich an einem strick milestones
um den hals hängt für den

fährst alles runter jetzt *welt*
im turbolift fürst@all *den rachen frei*
vom mückenschiss der fahrtwindopfer
solange du bretterst geschniegelt
bretterst über die asphaltierte arsch
falte deiner selbst

hat (*pssst!* wer nie eine stellschraube
in die wand hämmert bleibt servierwagen
fahrer der kausalität) direkt
neben dem standort
vorteil einen satten

return on investment wer
andere im dreck wühlen lässt wird
o wunder! *baugrubendompteuer* weltweit
operierender bahnuntergrundler
warte nur! du
tunnelbohrtechniker der realität

LEVEL 13

zählt zehn finger an jeder hand + zehn
hände an jedem finger die sich auf-
falten wie ein strauß *heiliger*

franzjosef! voller präzisions-
bomber bei der tiefflugparade *die erkenntnis*
o money o mummy! trifft dich am sterbebett
-laken ist nichts mehr gestärkt warum es
so schwer fällt (die eigene existenz
abzuwickeln)

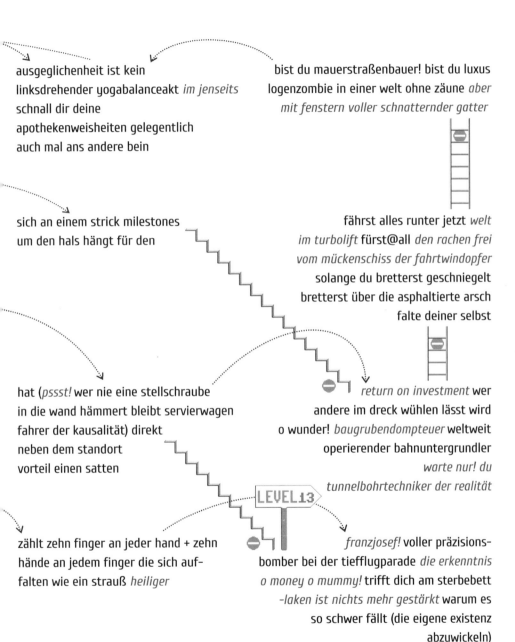

gated community |^| LEVEL 11

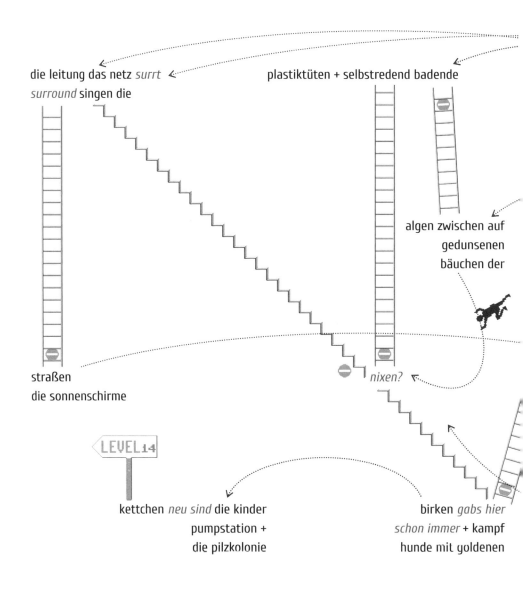

die leitung das netz *surrt*
surround singen die

plastiktüten + selbstredend badende

algen zwischen auf
gedunsenen
bäuchen der

straßen
die sonnenschirme

nixen?

LEVEL 14

kettchen *neu sind* die kinder
pumpstation +
die pilzkolonie

birken *gabs hier*
schon immer + kampf
hunde mit goldenen

der himmel legt sich hier im eierschneider schlafen

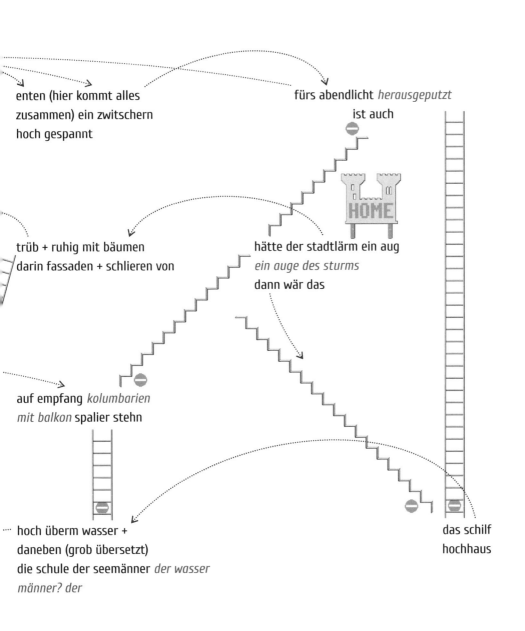

enten (hier kommt alles
zusammen) ein zwitschern
hoch gespannt

fürs abendlicht *herausgeputzt*
ist auch

HOME

trüb + ruhig mit bäumen
darin fassaden + schlieren von

hätte der stadtlärm ein aug
ein auge des sturms
dann wär das

auf empfang *kolumbarien*
mit balkon spalier stehn

hoch überm wasser +
daneben (grob übersetzt)
die schule der seemänner *der wasser*
männer? der

das schilf
hochhaus

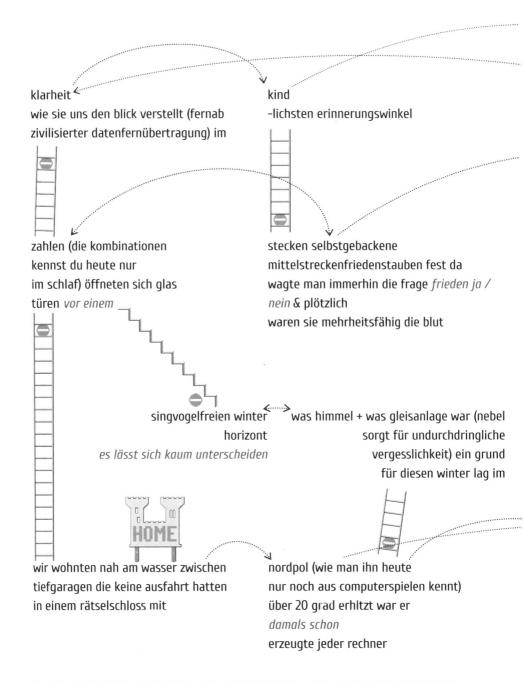

klarheit
wie sie uns den blick verstellt (fernab
zivilisierter datenfernübertragung) im

kind
-lichsten erinnerungswinkel

zahlen (die kombinationen
kennst du heute nur
im schlaf) öffneten sich glas
türen *vor einem*

stecken selbstgebackene
mittelstreckenfriedenstauben fest da
wagte man immerhin die frage *frieden ja /
nein* & plötzlich
waren sie mehrheitsfähig die blut

singvogelfreien winter
horizont
es lässt sich kaum unterscheiden

was himmel + was gleisanlage war (nebel
sorgt für undurchdringliche
vergesslichkeit) ein grund
für diesen winter lag im

wir wohnten nah am wasser zwischen
tiefgaragen die keine ausfahrt hatten
in einem rätselschloss mit

nordpol (wie man ihn heute
nur noch aus computerspielen kennt)
über 20 grad erhltzt war er
damals schon
erzeugte jeder rechner

traumaehnlich begann die revolution der groszwetterlage

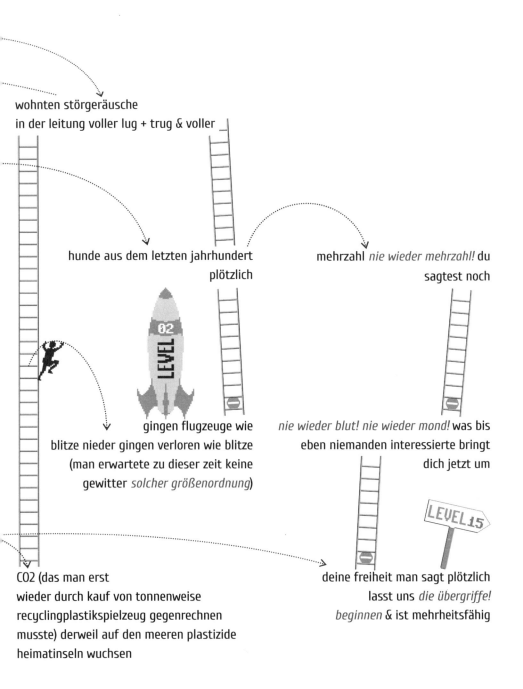

wohnten störgeräusche
in der leitung voller lug + trug & voller

hunde aus dem letzten jahrhundert
plötzlich

mehrzahl *nie wieder mehrzahl!* du
sagtest noch

LEVEL 02

gingen flugzeuge wie
blitze nieder gingen verloren wie blitze
(man erwartete zu dieser zeit keine
gewitter *solcher größenordnung*)

nie wieder blut! nie wieder mond! was bis
eben niemanden interessierte bringt
dich jetzt um

LEVEL 15

CO2 (das man erst
wieder durch kauf von tonnenweise
recyclingplastikspielzeug gegenrechnen
musste) derweil auf den meeren plastizide
heimatinseln wuchsen

deine freiheit man sagt plötzlich
lasst uns *die übergriffe!*
beginnen & ist mehrheitsfähig

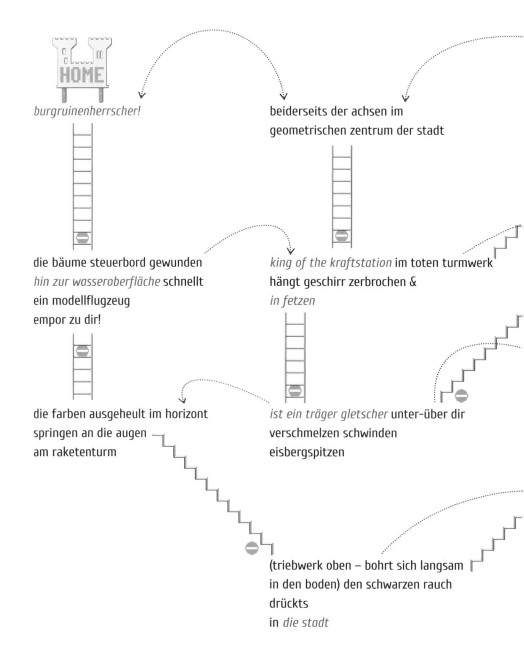

HOME

burgruinenherrscher!

die bäume steuerbord gewunden
hin zur wasseroberfläche schnellt
ein modellflugzeug
empor zu dir!

die farben ausgeheult im horizont
springen an die augen
am raketenturm

beiderseits der achsen im
geometrischen zentrum der stadt

king of the kraftstation im toten turmwerk
hängt geschirr zerbrochen &
in fetzen

ist ein träger gletscher unter-über dir
verschmelzen schwinden
eisbergspitzen

(triebwerk oben – bohrt sich langsam
in den boden) den schwarzen rauch
drückts
in *die stadt*

unterm wasserspiegel

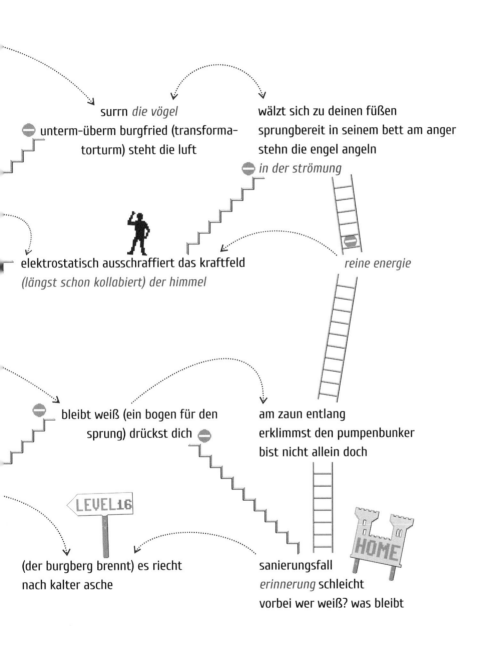

surrn *die vögel*
unterm-überm burgfried (transforma-
torturm) steht die luft

wälzt sich zu deinen füßen
sprungbereit in seinem bett am anger
stehn die engel angeln
in der strömung

elektrostatisch ausschraffiert das kraftfeld
(längst schon kollabiert) der himmel

reine energie

bleibt weiß (ein bogen für den
sprung) drückst dich

am zaun entlang
erklimmst den pumpenbunker
bist nicht allein doch

LEVEL16

(der burgberg brennt) es riecht
nach kalter asche

sanierungsfall
erinnerung schleicht
vorbei wer weiß? was bleibt

HOME

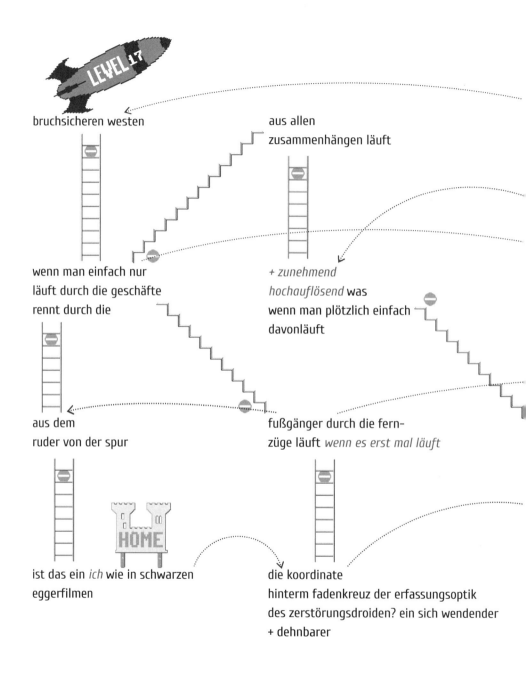

LEVEL 17

bruchsicheren westen

aus allen
zusammenhängen läuft

wenn man einfach nur
läuft durch die geschäfte
rennt durch die

+ *zunehmend*
hochauflösend was
wenn man plötzlich einfach
davonläuft

aus dem
ruder von der spur

fußgänger durch die fern-
züge läuft *wenn es erst mal läuft*

HOME

ist das ein *ich* wie in schwarzen
eggerfilmen

die koordinate
hinterm fadenkreuz der erfassungsoptik
des zerstörungsdroiden? ein sich wendender
+ dehnbarer

drohn

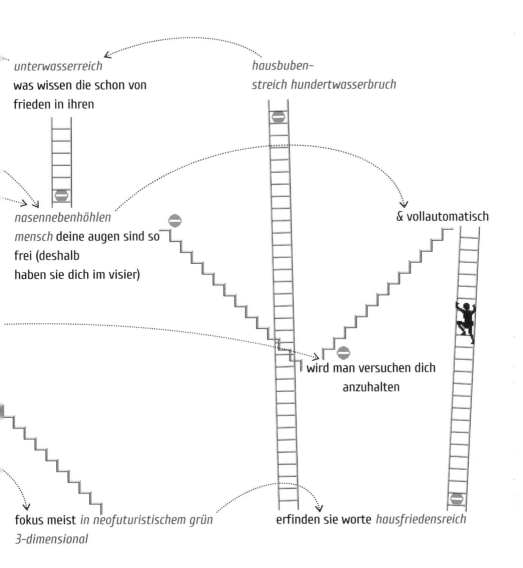

unterwasserreich
was wissen die schon von
frieden in ihren

hausbuben-
streich hundertwasserbruch

nasennebenhöhlen
mensch deine augen sind so
frei (deshalb
haben sie dich im visier)

& vollautomatisch

wird man versuchen dich
anzuhalten

fokus meist *in neofuturistischem grün*
3-dimensional

erfinden sie worte *hausfriedensreich*

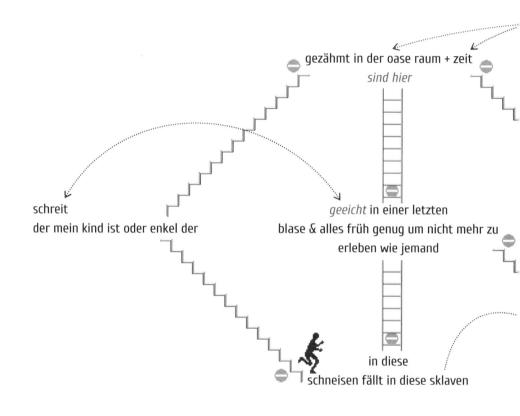

gezähmt in der oase raum + zeit

sind hier

schreit
der mein kind ist oder enkel der

geeicht in einer letzten
blase & alles früh genug um nicht mehr zu
erleben wie jemand

in diese
schneisen fällt in diese sklaven

etude la grande tristesse

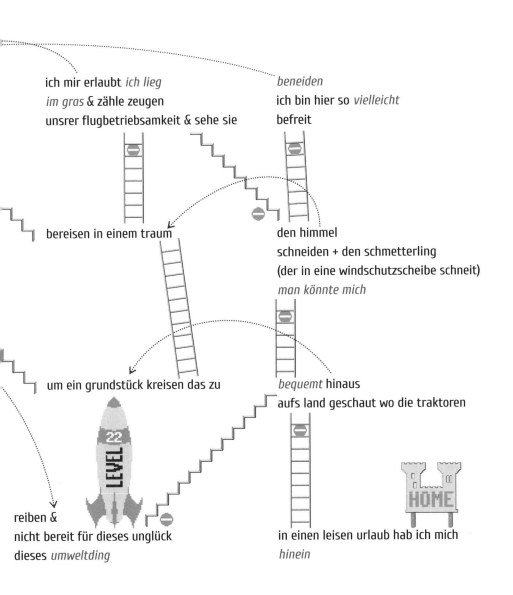

ich mir erlaubt *ich lieg*
im gras & zähle zeugen
unsrer flugbetriebsamkeit & sehe sie

beneiden
ich bin hier so *vielleicht*
befreit

bereisen in einem traum

den himmel
schneiden + den schmetterling
(der in eine windschutzscheibe schneit)
man könnte mich

um ein grundstück kreisen das zu

bequemt hinaus
aufs land geschaut wo die traktoren

reiben &
nicht bereit für dieses unglück
dieses *umweltding*

in einen leisen urlaub hab ich mich
hinein

PLEASE WAIT,
LOADING NEXT WORLD ...

PLEASE SCAN QR-CODE
FOR SFX / SOUND!

ROTLICHTVERSCHIEBE
BAHNHOF

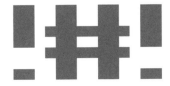

STOP!

in dieser gegend ist die heatmap
dunkelrot die immobilienpreise sind
entsprechend

im keller *die prophylaktische*
terrorvorhersage hat gestern
unseren nachbarn
weggesperrt & auf der treppe

nackt unterm badetuch
in die *öffentlichkeit tritt doch jeder*
kann nur das stockwerk unter sich
zum einsturz bringen weit über mir
die kronen der pilze schwammig +

der makler sonst aber

bleischwer an den tellerrändern der
empfangsläppchen knabbert

wer sich hier *einen migrations*
hintergrund leistet der braucht sich
über nichts zu wundern sagte

18

das corps der nachrichten
sprecher

endet dieser atemzug nicht als mein
letzter

im zahnfeeviertel willkommenskultur

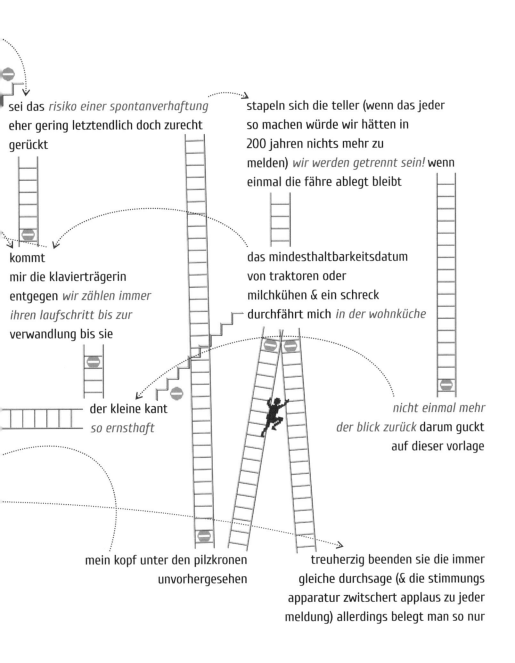

sei das *risiko einer spontanverhaftung*
eher gering letztendlich doch zurecht
gerückt

stapeln sich die teller (wenn das jeder
so machen würde wir hätten in
200 jahren nichts mehr zu
melden) *wir werden getrennt sein!* wenn
einmal die fähre ablegt bleibt

kommt
mir die klavierträgerin
entgegen *wir zählen immer
ihren laufschritt bis zur
verwandlung bis sie*

das mindesthaltbarkeitsdatum
von traktoren oder
milchkühen & ein schreck
durchfährt mich *in der wohnküche*

der kleine kant
so ernsthaft

*nicht einmal mehr
der blick zurück* darum guckt
auf dieser vorlage

mein kopf unter den pilzkronen
unvorhergesehen

treuherzig beenden sie die immer
gleiche durchsage (& die stimmungs
apparatur zwitschert applaus zu jeder
meldung) allerdings belegt man so nur

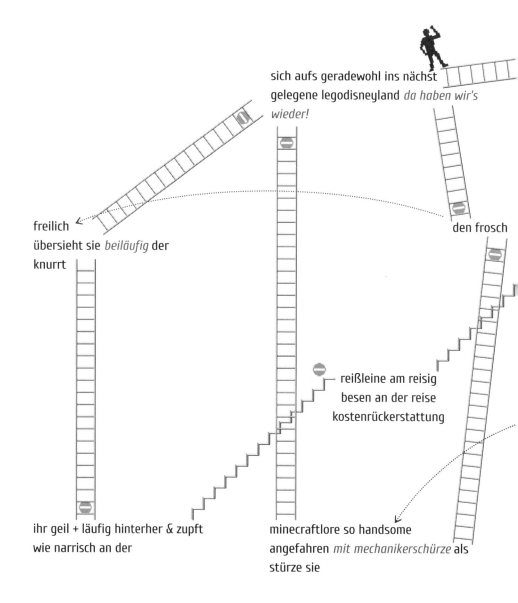

sich aufs geradewohl ins nächst
gelegene legodisneyland *da haben wir's
wieder!*

freilich
übersieht sie *beiläufig* der
knurrt

den frosch

reißleine am reisig
besen an der reise
kostenrückerstattung

ihr geil + läufig hinterher & zupft
wie narrisch an der

minecraftlore so handsome
angefahren *mit mechanikerschürze* als
stürze sie

koenigskinder in der rotlichtschranke

zur generalinspektion der märchen

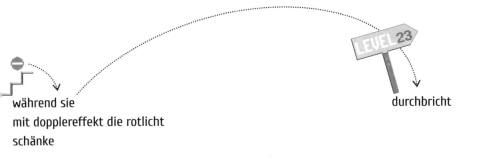

während sie
mit dopplereffekt die rotlicht
schänke

durchbricht

der froschkönig sitzt auf dem abstellgleis
& verzehrt sich nach seiner

wutbürgerin
die kommt da mit so einer

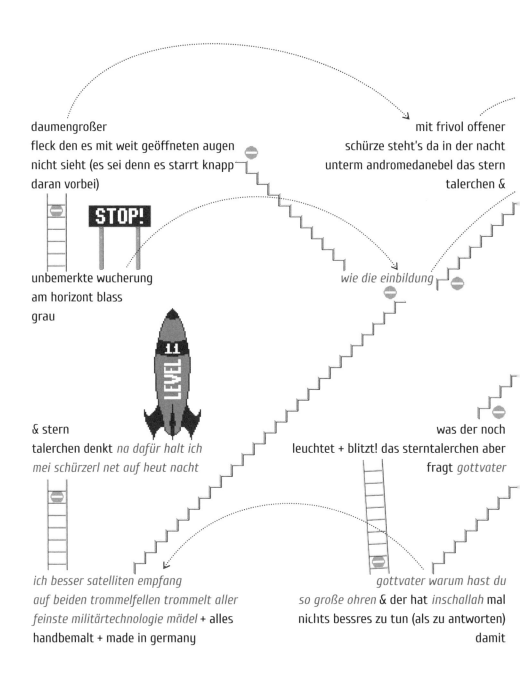

daumengroßer
fleck den es mit weit geöffneten augen
nicht sieht (es sei denn es starrt knapp
daran vorbei)

mit frivol offener
schürze steht's da in der nacht
unterm andromedanebel das stern
talerchen &

unbemerkte wucherung
am horizont blass
grau

wie die einbildung

& stern
talerchen denkt *na dafür halt ich
mei schürzerl net auf heut nacht*

was der noch
leuchtet + blitzt! das sterntalerchen aber
fragt *gottvater*

*ich besser satelliten empfang
auf beiden trommelfellen trommelt aller
feinste militärtechnologie mädel* + alles
handbemalt + made in germany

*gottvater warum hast du
so große ohren* & der hat *inschallah* mal
nichts bessres zu tun (als zu antworten)
damit

solange armut freiwillig ist's auch die prostitution

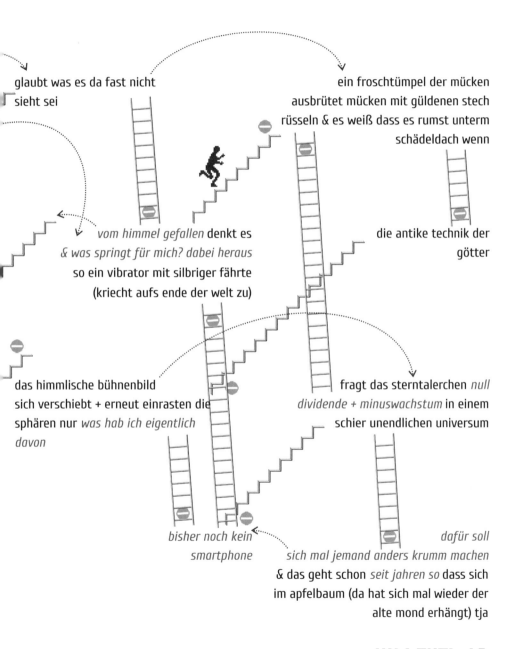

glaubt was es da fast nicht
sieht sei

ein froschtümpel der mücken
ausbrütet mücken mit güldenen stech
rüsseln & es weiß dass es rumst unterm
schädeldach wenn

vom himmel gefallen denkt es
& was springt für mich? dabei heraus
so ein vibrator mit silbriger fährte
(kriecht aufs ende der welt zu)

die antike technik der
götter

das himmlische bühnenbild
sich verschiebt + erneut einrasten die
sphären nur *was hab ich eigentlich
davon*

fragt das sterntalerchen *null
dividende + minuswachstum* in einem
schier unendlichen universum

*bisher noch kein
smartphone*

*dafür soll
sich mal jemand anders krumm machen*
& das geht schon *seit jahren so* dass sich
im apfelbaum (da hat sich mal wieder der
alte mond erhängt) tja

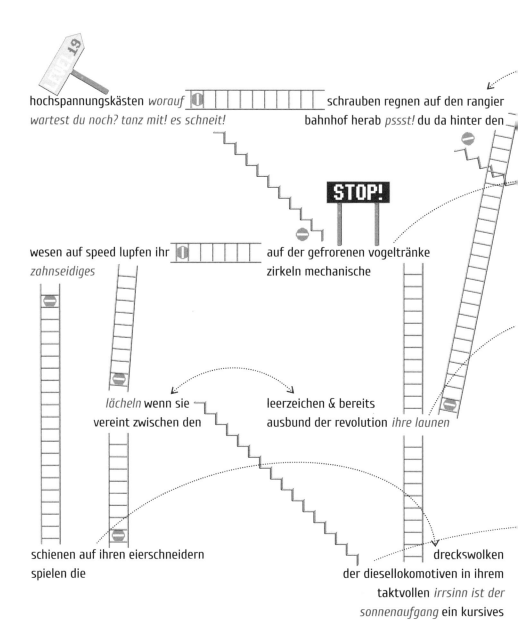

hochspannungskästen *worauf* schrauben regnen auf den rangier

wartest du noch? tanz mit! es schneit! bahnhof herab *pssst!* du da hinter den

STOP!

wesen auf speed lupfen ihr auf der gefrorenen vogeltränke

zahnseidiges zirkeln mechanische

lächeln wenn sie leerzeichen & bereits

vereint zwischen den ausbund der revolution *ihre launen*

schienen auf ihren eierschneidern dreckswolken

spielen die der diesellokomotiven in ihrem

taktvollen *irrsinn ist der*

sonnenaufgang ein kursives

es schneit schieszbudenrosen

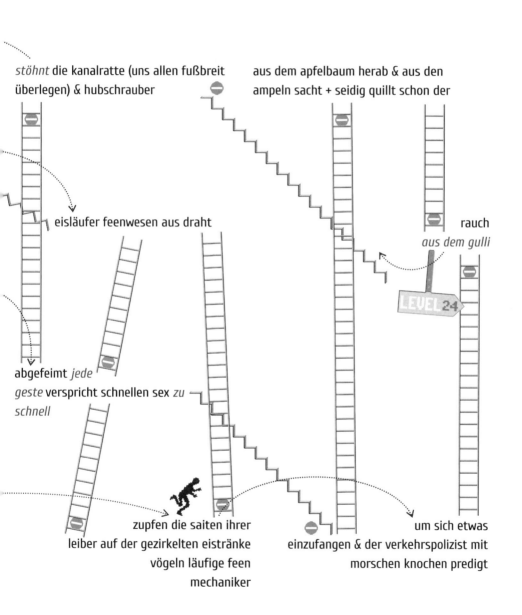

stöhnt die kanalratte (uns allen fußbreit
überlegen) & hubschrauber

aus dem apfelbaum herab & aus den
ampeln sacht + seidig quillt schon der

eisläufer feenwesen aus draht

rauch
aus dem gulli

LEVEL 24

abgefeimt *jede*
geste verspricht schnellen sex *zu*
schnell

zupfen die saiten ihrer
leiber auf der gezirkelten eistränke
vögeln läufige feen
mechaniker

um sich etwas
einzufangen & der verkehrspolizist mit
morschen knochen predigt

es gleicht
einem hindernislauf bist *pathfinder!*

auf unerwartet feindseligen welten
voll tückischer

blinken dich frösche? oder krähen
an die keine teiche kennen

bist dir deiner tragweite noch nicht bewusst
vielleicht

der hat 3 leben verloren an
unterschiedlichsten
stellen

letzter deiner art? oder erster
(von etwas ganz anderem) kanntest
mal jemanden

20

einzig verbleibendes
erkenntnisinstrument
du weißt es erst als es zerschellt

uferpflanzen ein *gläserner*
schraubschlüssel als

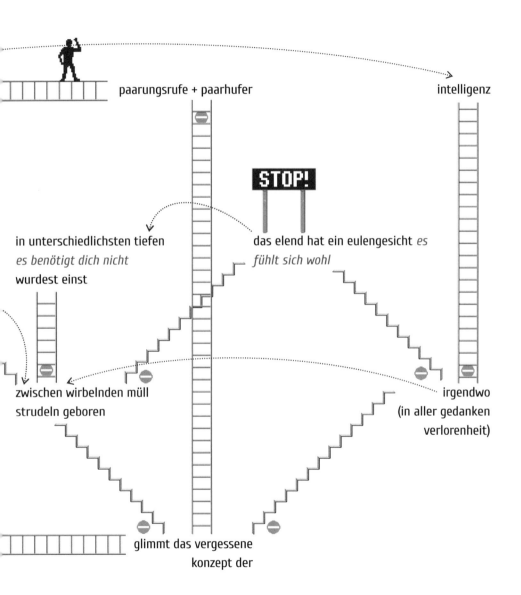

paarungsrufe + paarhufer

intelligenz

STOP!

in unterschiedlichsten tiefen
es benötigt dich nicht
wurdest einst

das elend hat ein eulengesicht *es*
fühlt sich wohl

zwischen wirbelnden müll
strudeln geboren

irgendwo
(in aller gedanken
verlorenheit)

glimmt das vergessene
konzept der

rotlichtverschiebebahnhof !#! LEVEL 21

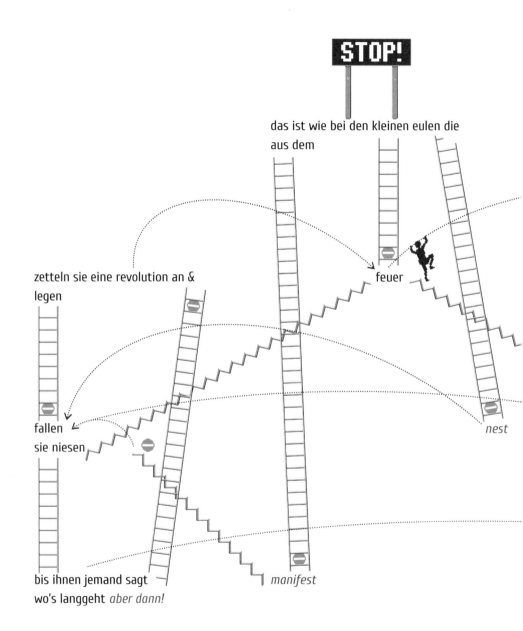

STOP!

das ist wie bei den kleinen eulen die
aus dem

zetteln sie eine revolution an &
legen

feuer

fallen

sie niesen

nest

bis ihnen jemand sagt
wo's langgeht *aber dann!*

manifest

wir koennten weise werden

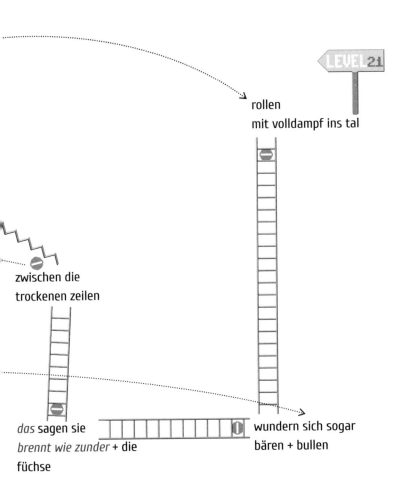

rollen
mit volldampf ins tal

zwischen die
trockenen zeilen

das sagen sie
brennt wie zunder + die
füchse

wundern sich sogar
bären + bullen

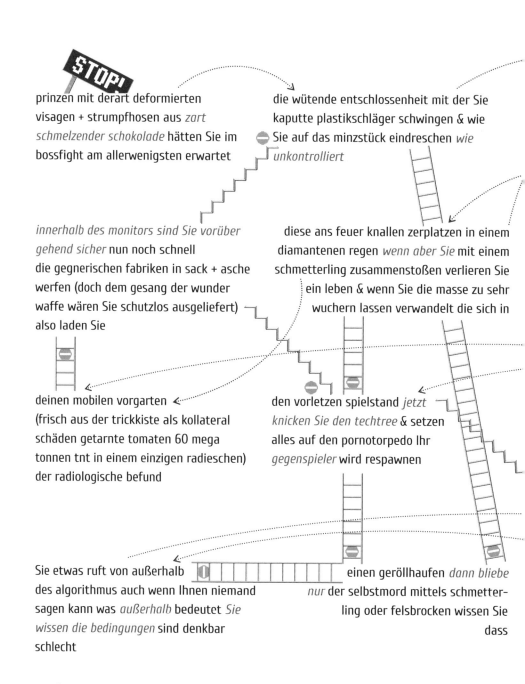

prinzen mit derart deformierten
visagen + strumpfhosen aus *zart
schmelzender schokolade* hätten Sie im
bossfight am allerwenigsten erwartet

die wütende entschlossenheit mit der Sie
kaputte plastikschläger schwingen & wie
Sie auf das minzstück eindreschen *wie
unkontrolliert*

*innerhalb des monitors sind Sie vorüber
gehend sicher* nun noch schnell
die gegnerischen fabriken in sack + asche
werfen (doch dem gesang der wunder
waffe wären Sie schutzlos ausgeliefert)
also laden Sie

diese ans feuer knallen zerplatzen in einem
diamantenen regen *wenn aber Sie* mit einem
schmetterling zusammenstoßen verlieren Sie
ein leben & wenn Sie die masse zu sehr
wuchern lassen verwandelt die sich in

deinen mobilen vorgarten ←
(frisch aus der trickkiste als kollateral
schäden getarnte tomaten 60 mega
tonnen tnt in einem einzigen radieschen)
der radiologische befund

den vorletzen spielstand *jetzt
knicken Sie den techtree* & setzen
alles auf den pornotorpedo Ihr
gegenspieler wird respawnen

Sie etwas ruft von außerhalb
des algorithmus auch wenn Ihnen niemand
sagen kann was *außerhalb* bedeutet *Sie
wissen die bedingungen* sind denkbar
schlecht

einen geröllhaufen *dann bliebe
nur* der selbstmord mittels schmetter-
ling oder felsbrocken wissen Sie
dass

let's play mit komplettloesung

dies durch die halle fegt sich beschleunigt
sich teilt + vergrößert + immer mehr blöcke
auf einmal abräumt (an fairtrade ist da
nicht im entferntesten zu denken) das ist

ein squashturnier der nimitz-klasse
(preisreduziert) *puh!* lieber wären Sie
diamantensammler & strichen mit Ihren
händen über schwitzende höhlenwände

Sie wissen von einer schleimigen
masse die hier unten unkontrolliert blüht
gurgelt + wächst *Sie wissen hoffentlich auch*
dass Sie die schmetterlinge befreien müssen
& abwarten bis

deren salzmuster bei
berührung zu singen beginnt *Sie wissen* von
bleichen skelettartigen schmetterlingen
die hier irgendwo gefangen *zombies*
der schönheit

LEVEL 24

Sie Ihren zweitwohnungsschlüssel
verlegt *Ihre minions* sind daher ganz
auf sich allein gestellt (ab 70 nimmt das
game-over-risiko bizarre züge an Sie
entschließen sich daher bewusst
für nichtraucherspiele)

wirklich schluss
mit dem ableben von player one *& dann*
fragst du dich *was dann?* dann!
startest du deinen pixelhaufen von einem
flugzeugträger um einen atomschlag
abzuwehren auf

im massivsten mehrspielermodus
Sie handeln vielleicht einen sudden
death mode aus (was angesichts erhöhter
terrorgefahr in den kindertagesstätten
auch kein spaß mehr ist) *alles scheitert*
daran dass

um weltformel oder sinn des lebens
zu finden (trotzdem waren Sie nie besser
ausgestattet *Ihr equip* ist highscore
verdächtig) also weitermachen mit dem
powerfarming? im allerbösesten fall ist das
kein spiel mehr *im allerbösesten fall ist*

neuster dopplerherzen 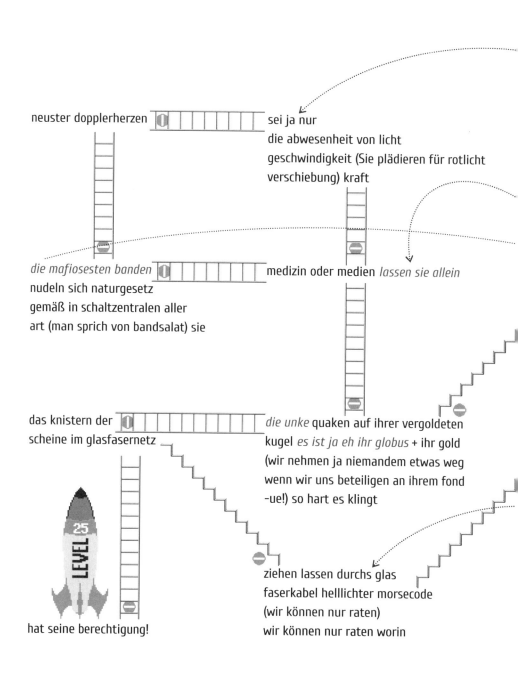 sei ja nur
die abwesenheit von licht
geschwindigkeit (Sie plädieren für rotlicht
verschiebung) kraft

die mafiosesten banden medizin oder medien *lassen sie allein*
nudeln sich naturgesetz
gemäß in schaltzentralen aller
art (man sprich von bandsalat) sie

das knistern der *die unke* quaken auf ihrer vergoldeten
scheine im glasfasernetz kugel *es ist ja eh ihr globus* + ihr gold
(wir nehmen ja niemandem etwas weg
wenn wir uns beteiligen an ihrem fond
-ue!) so hart es klingt

ziehen lassen durchs glas
faserkabel helllichter morsecode
(wir können nur raten)
hat seine berechtigung! wir können nur raten worin

der scheinbar unsinn brabbelnde harlekin in der leitung

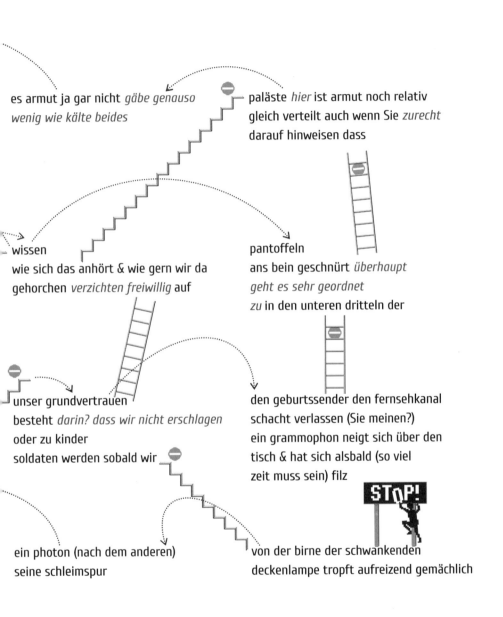

es armut ja gar nicht *gäbe genauso*
wenig wie kälte beides

paläste *hier* ist armut noch relativ
gleich verteilt auch wenn Sie *zurecht*
darauf hinweisen dass

wissen
wie sich das anhört & wie gern wir da
gehorchen *verzichten freiwillig* auf

pantoffeln
ans bein geschnürt *überhaupt*
geht es sehr geordnet
zu in den unteren dritteln der

unser grundvertrauen
besteht *darin? dass wir nicht erschlagen*
oder zu kinder
soldaten werden sobald wir

den geburtssender den fernsehkanal
schacht verlassen (Sie meinen?)
ein grammophon neigt sich über den
tisch & hat sich alsbald (so viel
zeit muss sein) filz

ein photon (nach dem anderen)
seine schleimspur

von der birne der schwankenden
deckenlampe tropft aufreizend gemächlich

PLEASE WAIT,
LOADING NEXT WORLD ...

PLEASE SCAN QR-CODE
FOR SFX / SOUND!

FORSCHUNGSKOMPLEX

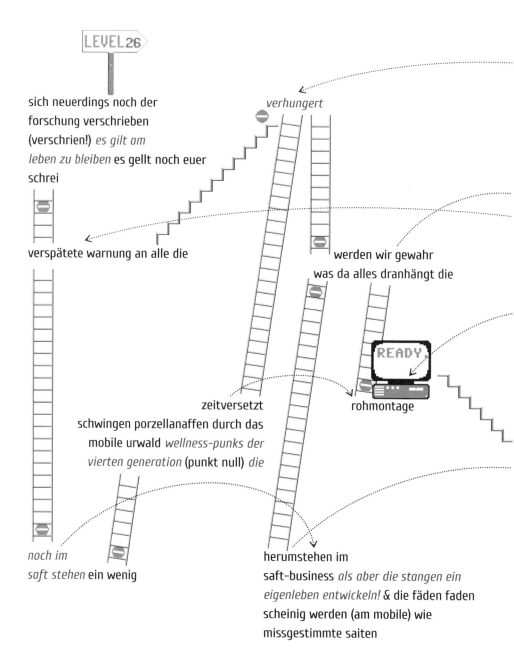

LEVEL26

sich neuerdings noch der
forschung verschrieben
(verschrien!) *es gilt am*
leben zu bleiben es gellt noch euer
schrei

verspätete warnung an alle die

verhungert

werden wir gewahr
was da alles dranhängt die

READY.

rohmontage

zeitversetzt
schwingen porzellanaffen durch das
mobile urwald *wellness-punks der*
vierten generation (punkt null) *die*

noch im
saft stehen ein wenig

herumstehen im
saft-business *als aber die stangen ein*
eigenleben entwickeln! & die fäden faden
scheinig werden (am mobile) wie
missgestimmte saiten

mobile user der letzten next generation

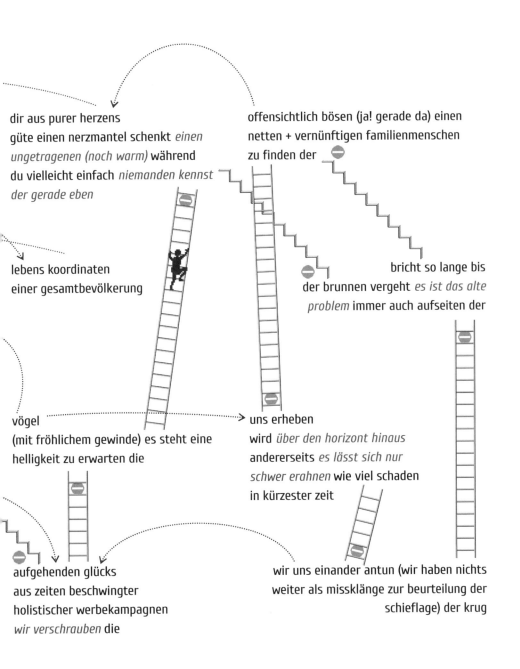

dir aus purer herzens
güte einen nerzmantel schenkt *einen
ungetragenen (noch warm)* während
du vielleicht einfach *niemanden kennst
der gerade eben*

offensichtlich bösen (ja! gerade da) einen
netten + vernünftigen familienmenschen
zu finden der

lebens koordinaten
einer gesamtbevölkerung

bricht so lange bis
der brunnen vergeht *es ist das alte
problem* immer auch aufseiten der

vögel
(mit fröhlichem gewinde) es steht eine
helligkeit zu erwarten die

uns erheben
wird *über den horizont hinaus*
andererseits *es lässt sich nur
schwer erahnen* wie viel schaden
in kürzester zeit

aufgehenden glücks
aus zeiten beschwingter
holistischer werbekampagnen
wir verschrauben die

wir uns einander antun (wir haben nichts
weiter als missklänge zur beurteilung der
schieflage) der krug

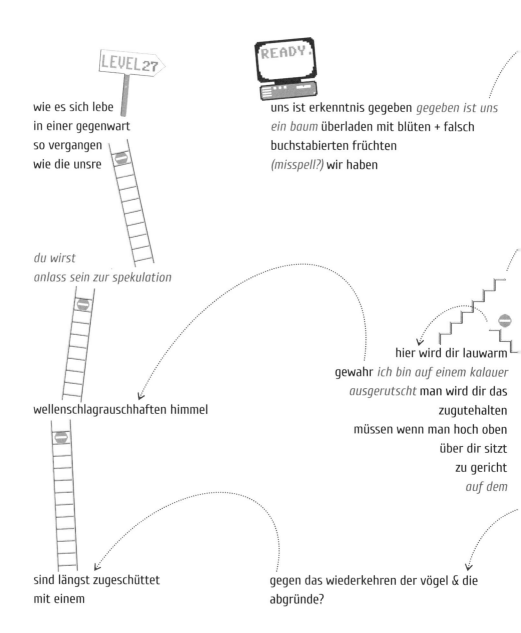

LEVEL 27

wie es sich lebe
in einer gegenwart
so vergangen
wie die unsre

du wirst
anlass sein zur spekulation

wellenschlagrauschhaften himmel

sind längst zugeschüttet
mit einem

READY.

uns ist erkenntnis gegeben *gegeben ist uns*
ein baum überladen mit blüten + falsch
buchstabierten früchten
(misspell?) wir haben

hier wird dir lauwarm
gewahr *ich bin auf einem kalauer*
ausgerutscht man wird dir das
zugutehalten
müssen wenn man hoch oben
über dir sitzt
zu gericht
auf dem

gegen das wiederkehren der vögel & die
abgründe?

stromabnehmer am denkorgan

alles an seinen platz geschoben *laub +*
sammelkarten in ein album (ein
bilderbogen über todesgefahren die
hinterm paradiesgatter lagen) *was haben*
wir nicht alles schon

erkannt die antipoden lassen erkenntnis ja
zu solange du ober
wasser behältst welt *sei alles*
was der fall sei sagen sie *es sei denn du*

fällst

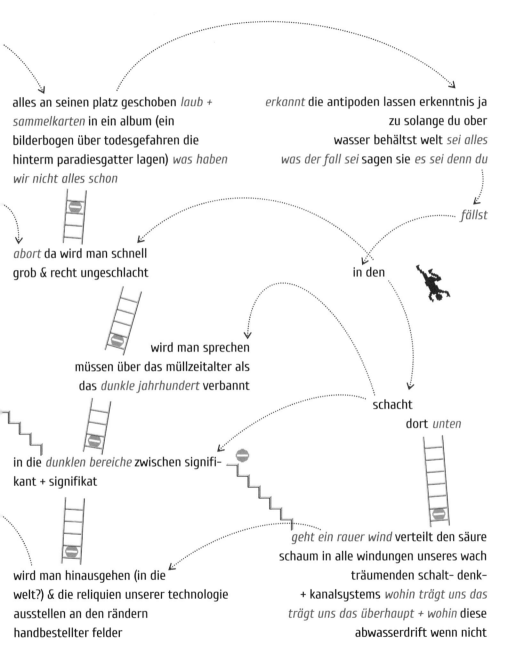

abort da wird man schnell
grob & recht ungeschlacht

in den

wird man sprechen
müssen über das müllzeitalter als
das *dunkle jahrhundert* verbannt

schacht
dort *unten*

in die *dunklen bereiche* zwischen signifi-
kant + signifikat

wird man hinausgehen (in die
welt?) & die reliquien unserer technologie
ausstellen an den rändern
handbestellter felder

geht ein rauer wind verteilt den säure
schaum in alle windungen unseres wach
träumenden schalt- denk-
+ kanalsystems *wohin trägt uns das*
trägt uns das überhaupt + wohin diese
abwasserdrift wenn nicht

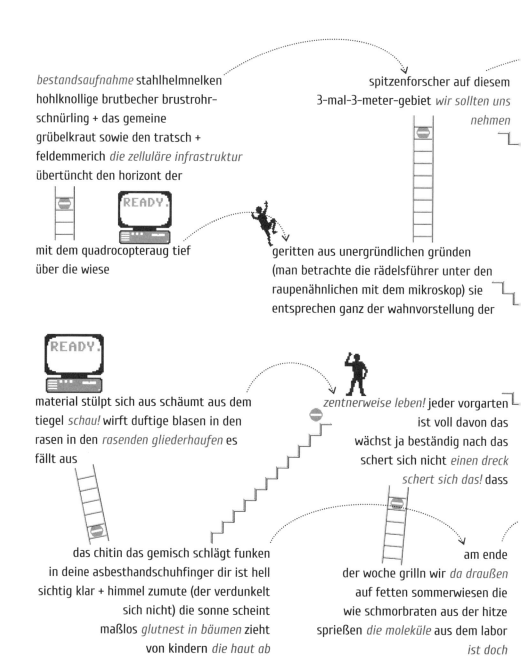

bestandsaufnahme stahlhelmnelken
hohlknollige brutbecher brustrohr-
schnürling + das gemeine
grübelkraut sowie den tratsch +
feldemmerich *die zelluläre infrastruktur*
übertüncht den horizont der

spitzenforscher auf diesem
3-mal-3-meter-gebiet *wir sollten uns*
nehmen

mit dem quadrocopteraug tief
über die wiese

geritten aus unergründlichen gründen
(man betrachte die rädelsführer unter den
raupenähnlichen mit dem mikroskop) sie
entsprechen ganz der wahnvorstellung der

material stülpt sich aus schäumt aus dem
tiegel *schau!* wirft duftige blasen in den
rasen in den *rasenden gliederhaufen* es
fällt aus

zentnerweise leben! jeder vorgarten
ist voll davon das
wächst ja beständig nach das
schert sich nicht *einen dreck*
schert sich das! dass

das chitin das gemisch schlägt funken
in deine asbesthandschuhfinger dir ist hell
sichtig klar + himmel zumute (der verdunkelt
sich nicht) die sonne scheint
maßlos *glutnest in bäumen* zieht
von kindern *die haut ab*

am ende
der woche grilln wir *da draußen*
auf fetten sommerwiesen die
wie schmorbraten aus der hitze
sprießen *die moleküle* aus dem labor
ist doch

feldblumenzaehlung

ein beispiel daran *(mit 500 watt)* **wie sie sich
in acht nehmen vor uns! es lässt sich
unmöglich verheimlichen dass wir gänzlich
umwickelt** *von autobahnen*

LEVEL28

schwebeteilchen *dieses hier ist
buchstabe a*

hostien **(es sitzt das elend über uns
auf den balkonen) die stech
mücken sind**

geworfen in einen schacht (aus
koordinaten + linien + ansprüchen) mais
liegt auf dem weg *lenkt unseren blick aufs
großeganze zurück* das steht nämlich be-
häbig vor der gebetseinfassung + mümmelt

**falter + motten
die den ton angeben diese geistweber mit
sturzhelmen einst in asteroiden zu uns**

die einflüsse
exakter ertasten als wir in unsren
empirischsten

*ein großes knistern +
reiben* **zwischen strukturen
die draußen vorm fenster
die welt durchwachsen** *dass hummeln
torkeln* **genau an diesen
strukturgrenzen entlang**

LEVEL28

träumen weil wir *anfang +
ende nicht kennen* **(jedenfalls
nicht aus eigener erfahrung)**

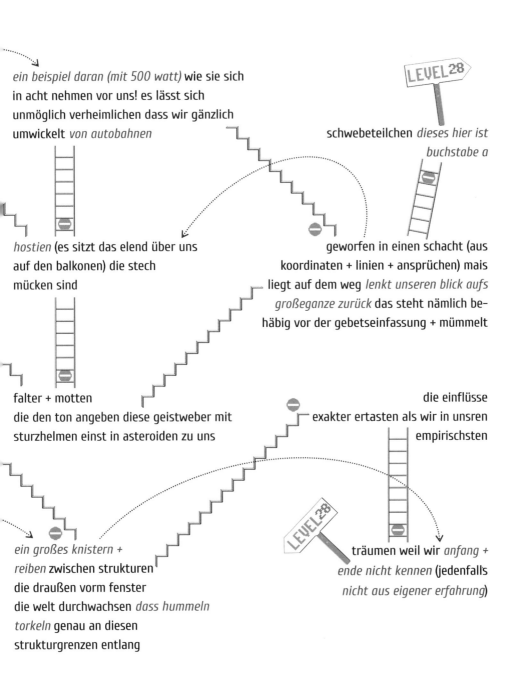

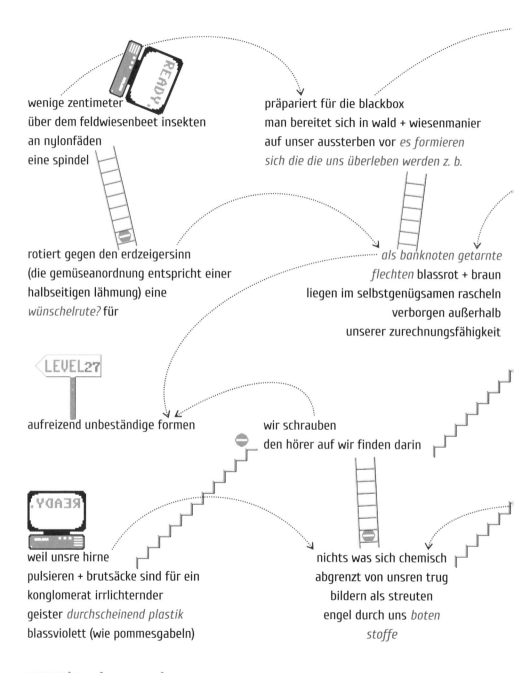

wenige zentimeter
über dem feldwiesenbeet insekten
an nylonfäden
eine spindel

rotiert gegen den erdzeigersinn
(die gemüseanordnung entspricht einer
halbseitigen lähmung) eine
wünschelrute? für

LEVEL27

aufreizend unbeständige formen

weil unsre hirne
pulsieren + brutsäcke sind für ein
konglomerat irrlichternder
geister *durchscheinend plastik*
blassviolett (wie pommesgabeln)

präpariert für die blackbox
man bereitet sich in wald + wiesenmanier
auf unser aussterben vor *es formieren
sich die die uns überleben werden z. b.*

*als banknoten getarnte
flechten* blassrot + braun
liegen im selbstgenügsamen rascheln
verborgen außerhalb
unserer zurechnungsfähigkeit

wir schrauben
den hörer auf wir finden darin

nichts was sich chemisch
abgrenzt von unsren trug
bildern als streuten
engel durch uns *boten
stoffe*

experimentum crucis

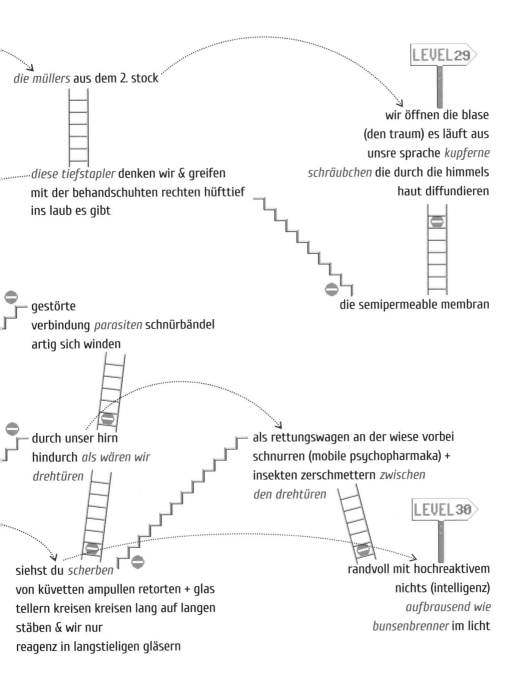

LEVEL 29

die *müllers* aus dem 2. stock

wir öffnen die blase
(den traum) es läuft aus
unsre sprache *kupferne*
schräubchen die durch die himmels
haut diffundieren

......*diese tiefstapler* denken wir & greifen
mit der behandschuhten rechten hüfttief
ins laub es gibt

gestörte
verbindung *parasiten* schnürbändel
artig sich winden

die semipermeable membran

durch unser hirn
hindurch *als wären wir*
drehtüren

als rettungswagen an der wiese vorbei
schnurren (mobile psychopharmaka) +
insekten zerschmettern *zwischen*
den drehtüren

LEVEL 30

siehst du *scherben*
von küvetten ampullen retorten + glas
tellern kreisen kreisen lang auf langen
stäben & wir nur
reagenz in langstieligen gläsern

randvoll mit hochreaktivem
nichts (intelligenz)
aufbrausend wie
bunsenbrenner im licht

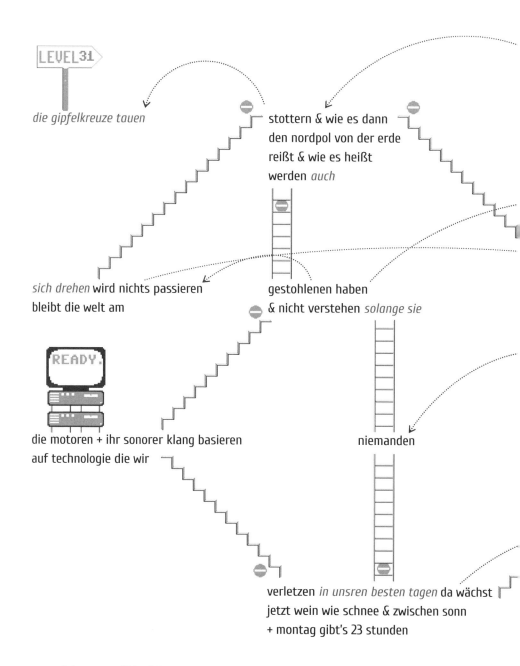

LEVEL 31

die gipfelkreuze tauen

stottern & wie es dann
den nordpol von der erde
reißt & wie es heißt
werden *auch*

sich drehen wird nichts passieren
bleibt die welt am

gestohlenen haben
& nicht verstehen *solange sie*

READY.

die motoren + ihr sonorer klang basieren
auf technologie die wir

niemanden

verletzen *in unsren besten tagen* da wächst
jetzt wein wie schnee & zwischen sonn
+ montag gibt's 23 stunden

maschinenmeditation

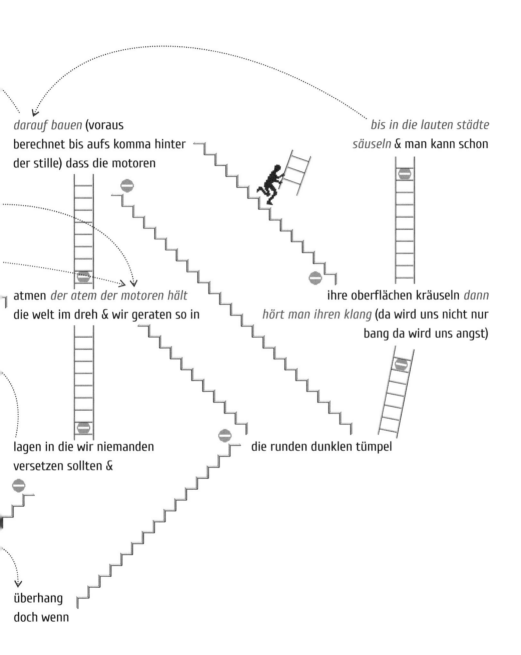

darauf bauen (voraus
berechnet bis aufs komma hinter
der stille) dass die motoren

bis in die lauten städte
säuseln & man kann schon

atmen *der atem der motoren hält*
die welt im dreh & wir geraten so in

ihre oberflächen kräuseln *dann*
hört man ihren klang (da wird uns nicht nur
bang da wird uns angst)

lagen in die wir niemanden
versetzen sollten &

die runden dunklen tümpel

überhang
doch wenn

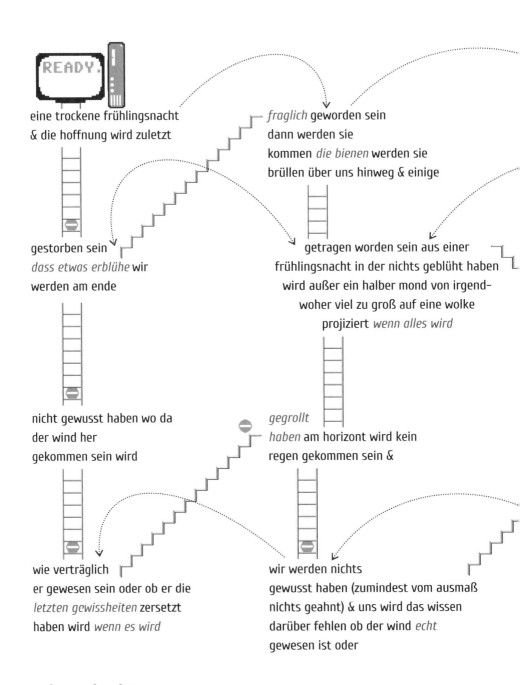

READY.

eine trockene frühlingsnacht
& die hoffnung wird zuletzt

fraglich geworden sein
dann werden sie
kommen die bienen werden sie
brüllen über uns hinweg & einige

gestorben sein
dass etwas erblühe wir
werden am ende

getragen worden sein aus einer
frühlingsnacht in der nichts geblüht haben
wird außer ein halber mond von irgend-
woher viel zu groß auf eine wolke
projiziert wenn alles wird

nicht gewusst haben wo da
der wind her
gekommen sein wird

gegrollt
haben am horizont wird kein
regen gekommen sein &

wie verträglich
er gewesen sein oder ob er die
letzten gewissheiten zersetzt
haben wird wenn es wird

wir werden nichts
gewusst haben (zumindest vom ausmaß
nichts geahnt) & uns wird das wissen
darüber fehlen ob der wind echt
gewesen ist oder

apis mechanica

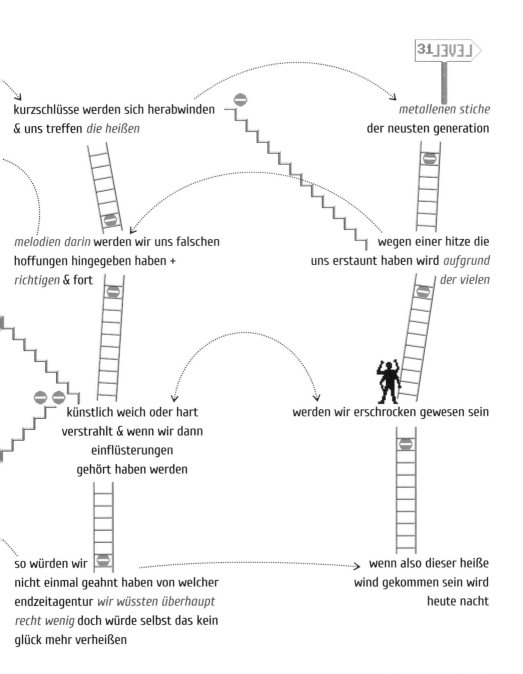

kurzschlüsse werden sich herabwinden
& uns treffen *die heißen*

metallenen stiche
der neusten generation

melodien darin werden wir uns falschen
hoffungen hingegeben haben +
richtigen & fort

wegen einer hitze die
uns erstaunt haben wird *aufgrund*
der vielen

künstlich weich oder hart
verstrahlt & wenn wir dann
einflüsterungen
gehört haben werden

werden wir erschrocken gewesen sein

so würden wir
nicht einmal geahnt haben von welcher
endzeitagentur *wir wüssten überhaupt*
recht wenig doch würde selbst das kein
glück mehr verheißen

wenn also dieser heiße
wind gekommen sein wird
heute nacht

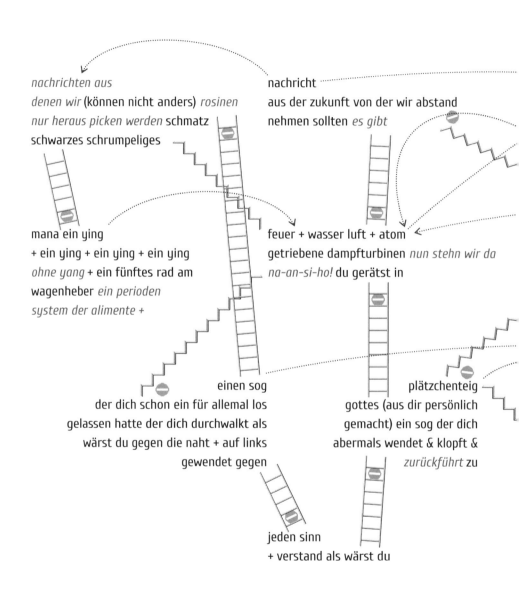

nachrichten aus
denen wir (können nicht anders) *rosinen*
nur heraus picken werden schmatz
schwarzes schrumpeliges

nachricht
aus der zukunft von der wir abstand
nehmen sollten *es gibt*

mana ein ying
+ ein ying + ein ying + ein ying
ohne yang + ein fünftes rad am
wagenheber *ein perioden*
system der alimente +

feuer + wasser luft + atom
getriebene dampfturbinen *nun stehn wir da*
na-an-si-ho! du gerätst in

einen sog
der dich schon ein für allemal los
gelassen hatte der dich durchwalkt als
wärst du gegen die naht + auf links
gewendet gegen

plätzchenteig
gottes (aus dir persönlich
gemacht) ein sog der dich
abermals wendet & klopft &
zurückführt zu

jeden sinn
+ verstand als wärst du

wie wir am achten tag das licht ausmachen werden

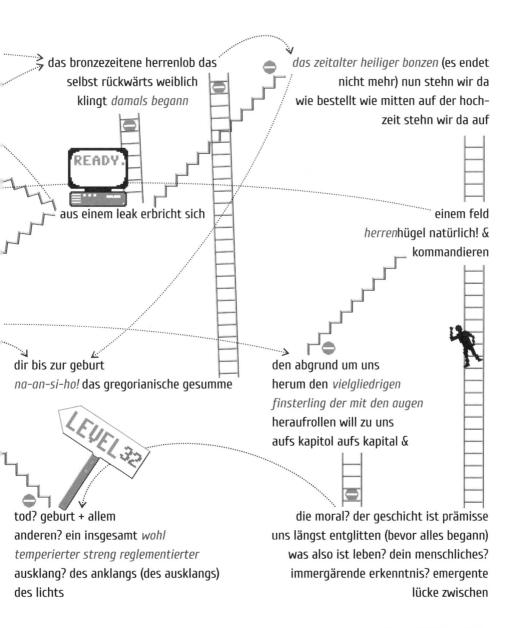

das bronzezeitene herrenlob das
selbst rückwärts weiblich
klingt *damals begann*

das zeitalter heiliger bonzen (es endet
nicht mehr) nun stehn wir da
wie bestellt wie mitten auf der hoch-
zeit stehn wir da auf

aus einem leak erbricht sich

einem feld
*herren*hügel natürlich! &
kommandieren

dir bis zur geburt
na-an-si-ho! das gregorianische gesumme

den abgrund um uns
herum den *vielgliedrigen*
finsterling der mit den augen
heraufrollen will zu uns
aufs kapitol aufs kapital &

tod? geburt + allem
anderen? ein insgesamt *wohl*
temperierter streng reglementierter
ausklang? des anklangs (des ausklangs)
des lichts

die moral? der geschicht ist prämisse
uns längst entglitten (bevor alles begann)
was also ist leben? dein menschliches?
immergärende erkenntnis? emergente
lücke zwischen

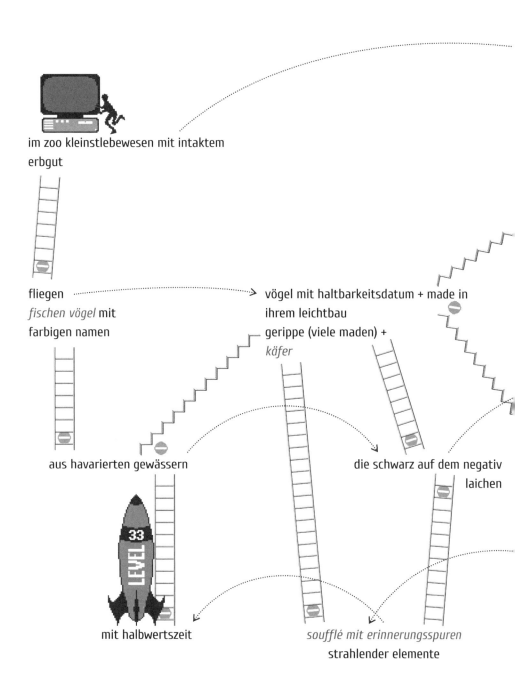

im zoo kleinstlebewesen mit intaktem
erbgut

fliegen
fischen vögel mit
farbigen namen

vögel mit haltbarkeitsdatum + made in
ihrem leichtbau
gerippe (viele maden) +
käfer

aus havarierten gewässern

die schwarz auf dem negativ
laichen

mit halbwertszeit

soufflé mit erinnerungsspuren
strahlender elemente

erbsuenden

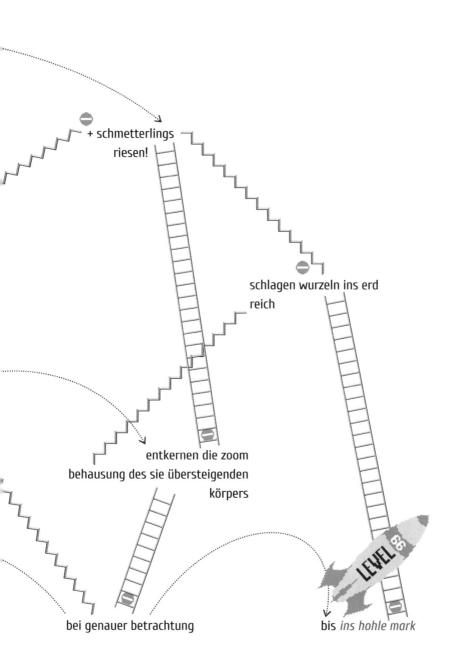

+ schmetterlings
riesen!

schlagen wurzeln ins erd
reich

entkernen die zoom
behausung des sie übersteigenden
körpers

bei genauer betrachtung

bis *ins hohle mark*

LEVEL 66

PLEASE WAIT,
LOADING NEXT WORLD ...

PLEASE SCAN QR-CODE
FOR SFX / SOUND!

UNCANNY VALLEY –
MUTIERGEHEGE

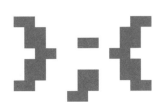

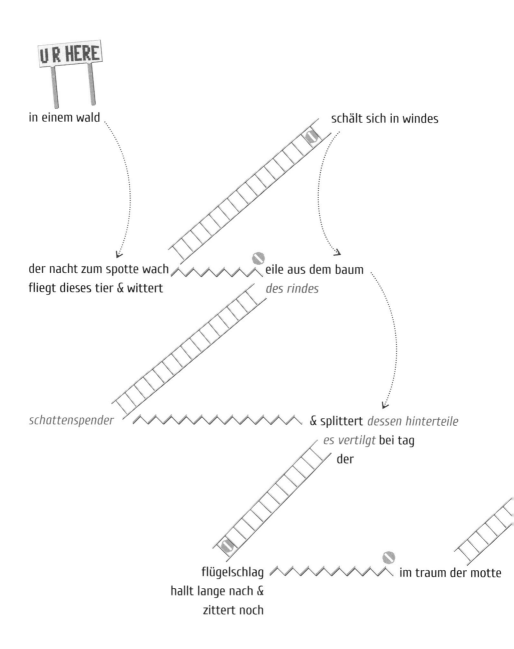

U R HERE

in einem wald

schält sich in windes

der nacht zum spotte wach
fliegt dieses tier & wittert

eile aus dem baum
des rindes

schattenspender

& splittert *dessen hinterteile*
es vertilgt bei tag
der

flügelschlag
hallt lange nach &
zittert noch

im traum der motte

tierbestimmung nachts

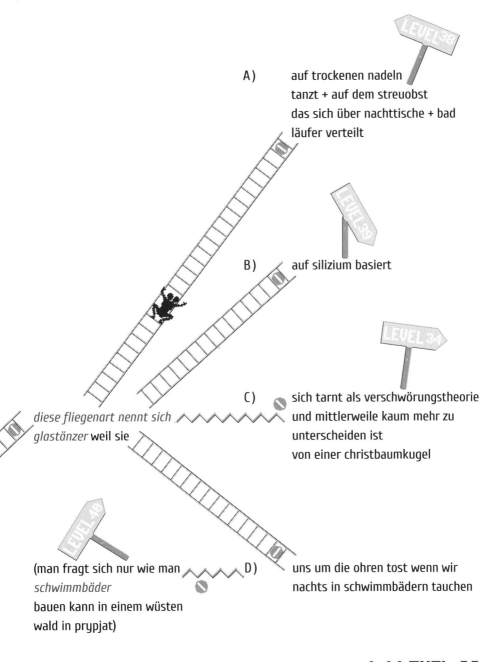

A) auf trockenen nadeln
tanzt + auf dem streuobst
das sich über nachttische + bad
läufer verteilt

B) auf silizium basiert

C) sich tarnt als verschwörungstheorie
und mittlerweile kaum mehr zu
unterscheiden ist
von einer christbaumkugel

diese fliegenart nennt sich
glastänzer weil sie

(man fragt sich nur wie man
schwimmbäder
bauen kann in einem wüsten
wald in prypjat)

D) uns um die ohren tost wenn wir
nachts in schwimmbädern tauchen

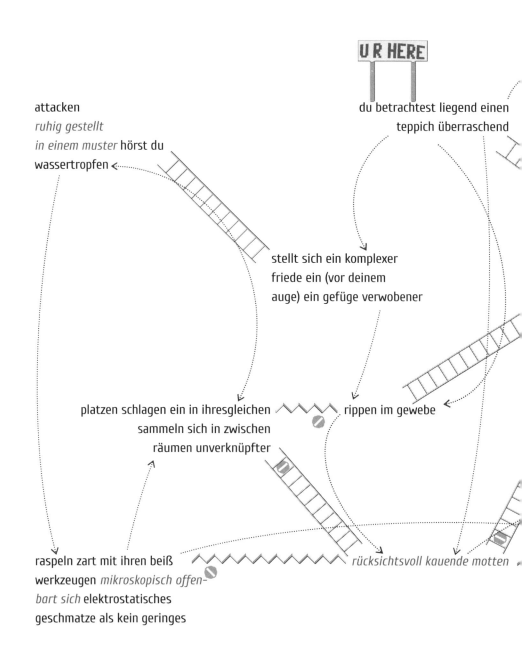

U R HERE

attacken
ruhig gestellt
in einem muster hörst du
wassertropfen

du betrachtest liegend einen
teppich überraschend

stellt sich ein komplexer
friede ein (vor deinem
auge) ein gefüge verwobener

platzen schlagen ein in ihresgleichen
sammeln sich in zwischen
räumen unverknüpfter

rippen im gewebe

raspeln zart mit ihren beiß
werkzeugen *mikroskopisch offen-*
bart sich elektrostatisches
geschmatze als kein geringes

rücksichtsvoll kauende motten

gnome genom (permutation)

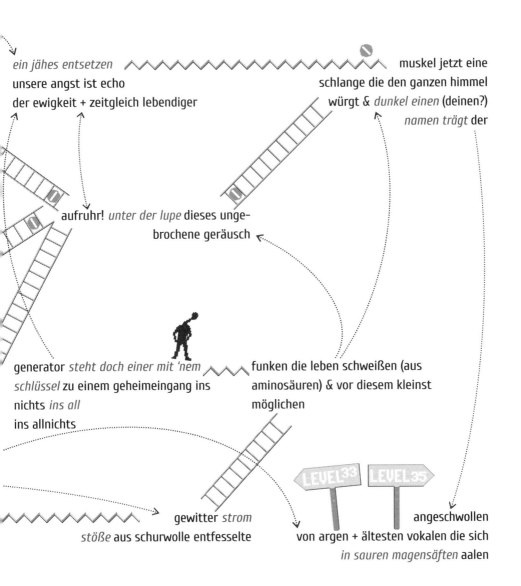

ein jähes entsetzen   muskel jetzt eine
unsere angst ist echo   schlange die den ganzen himmel
der ewigkeit + zeitgleich lebendiger   würgt & *dunkel einen* (deinen?)
                                        namen trägt der

aufruhr! *unter der lupe* dieses unge-
                brochene geräusch

generator *steht doch einer mit 'nem*   funken die leben schweißen (aus
schlüssel zu einem geheimeingang ins aminosäuren) & vor diesem kleinst
nichts *ins all*   möglichen
ins allnichts

LEVEL33 LEVEL35

gewitter *strom*   angeschwollen
stöße aus schurwolle entfesselte   von argen + ältesten vokalen die sich
                                        in sauren magensäften aalen

dich & *wärmt*
da zittert nicht einmal mehr
das umspannwerk der

eine blase aus einem
gröberen glück aus verschmähten
tagesresten
eine ölige welle verdeckt

nur mehr ein nach
bau aus *krepppapier*

ins lot (wirst du geraten) es würde schon
noch mal sommer (durch diese
gewölbe schleichen) was

fledermäuse augenblicklich

blüten die sich nach oben
schieben ein stiller tempel für

paarflügler die sich an deinem
rücken herunter
falten *sind das*

ist das was so nah an der wirbelsäule dich
anfasst wie

ins lot geraten wirst du

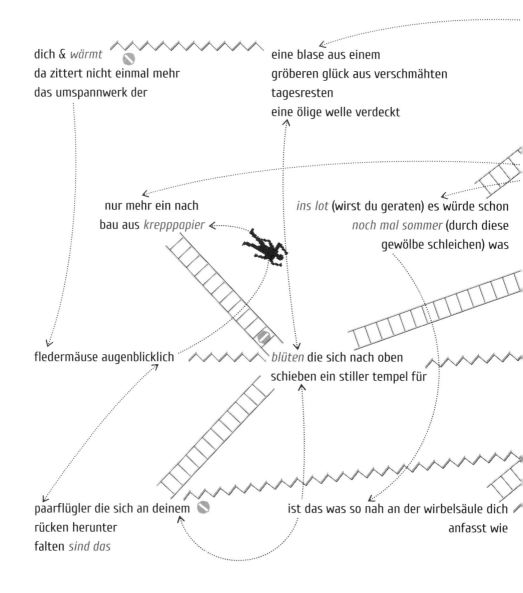

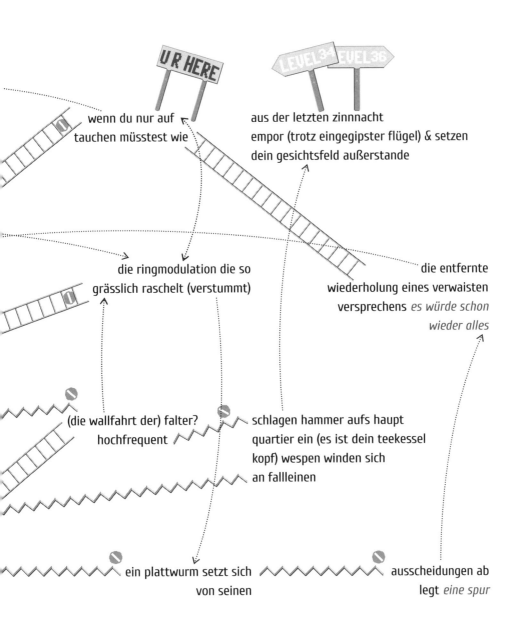

U R HERE

LEVEL 34 LEVEL 36

wenn du nur auf
tauchen müsstest wie

aus der letzten zinnnacht
empor (trotz eingegipster flügel) & setzen
dein gesichtsfeld außerstande

die ringmodulation die so
grässlich raschelt (verstummt)

die entfernte
wiederholung eines verwaisten
versprechens *es würde schon
wieder alles*

(die wallfahrt der) falter?
hochfrequent

schlagen hammer aufs haupt
quartier ein (es ist dein teekessel
kopf) wespen winden sich
an fallleinen

ein plattwurm setzt sich
von seinen

ausscheidungen ab
legt *eine spur*

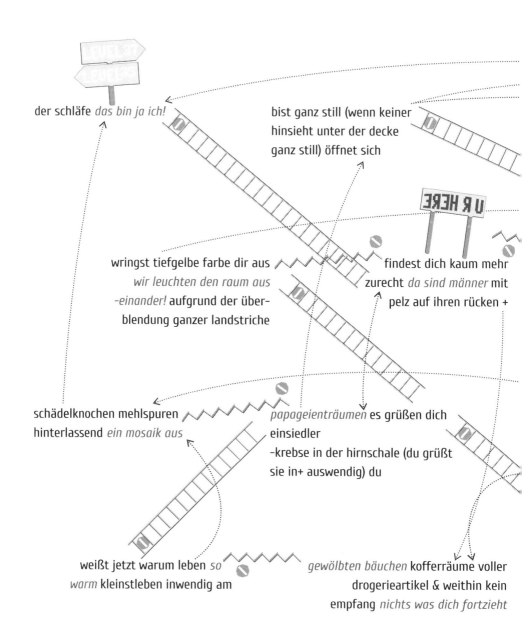

der schläfe *das bin ja ich!*

bist ganz still (wenn keiner hinsieht unter der decke ganz still) öffnet sich

U R HERE

wringst tiefgelbe farbe dir aus
wir leuchten den raum aus
-einander! aufgrund der über-
blendung ganzer landstriche

findest dich kaum mehr
zurecht *da sind männer* mit
pelz auf ihren rücken +

schädelknochen mehlspuren
hinterlassend *ein mosaik aus*

papageienträumen es grüßen dich
einsiedler
-krebse in der hirnschale (du grüßt
sie in+ auswendig) du

weißt jetzt warum leben *so*
warm kleinstleben inwendig am

gewölbten bäuchen kofferräume voller
drogerieartikel & weithin kein
empfang *nichts was dich fortzieht*

zeit in der fieberphiole

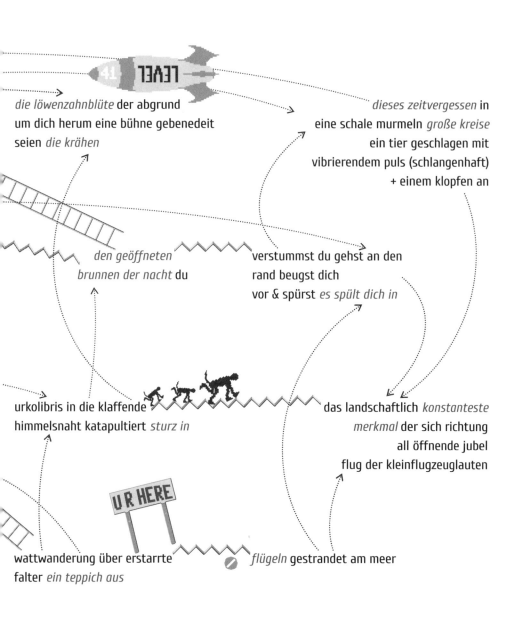

die *löwenzahnblüte* der abgrund
um dich herum eine bühne gebenedeit
seien *die krähen*

dieses zeitvergessen in
eine schale murmeln *große kreise*
ein tier geschlagen mit
vibrierendem puls (schlangenhaft)
+ einem klopfen an

den geöffneten
brunnen der nacht du

verstummst du gehst an den
rand beugst dich
vor & spürst *es spült dich in*

urkolibris in die klaffende
himmelsnaht katapultiert *sturz in*

das landschaftlich *konstanteste*
merkmal der sich richtung
all öffnende jubel
flug der kleinflugzeuglauten

wattwanderung über erstarrte
falter *ein teppich aus*

flügeln gestrandet am meer

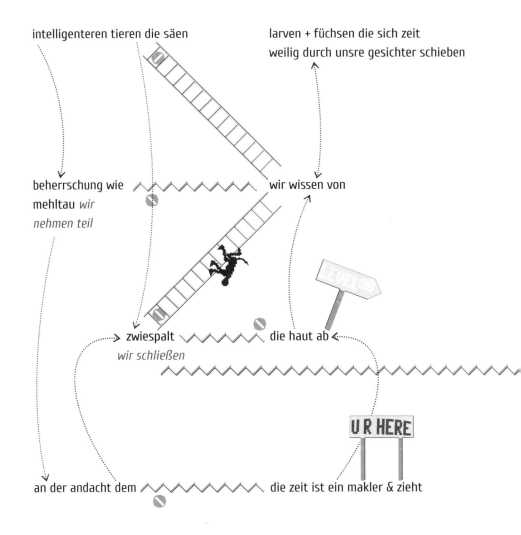

intelligenteren tieren die säen

larven + füchsen die sich zeit
weilig durch unsre gesichter schieben

beherrschung wie
mehltau *wir*
nehmen teil

wir wissen von

zwiespalt
wir schließen

die haut ab

an der andacht dem

die zeit ist ein makler & zieht

U R HERE

die zeit ist ein makler & zieht / leucochloridium

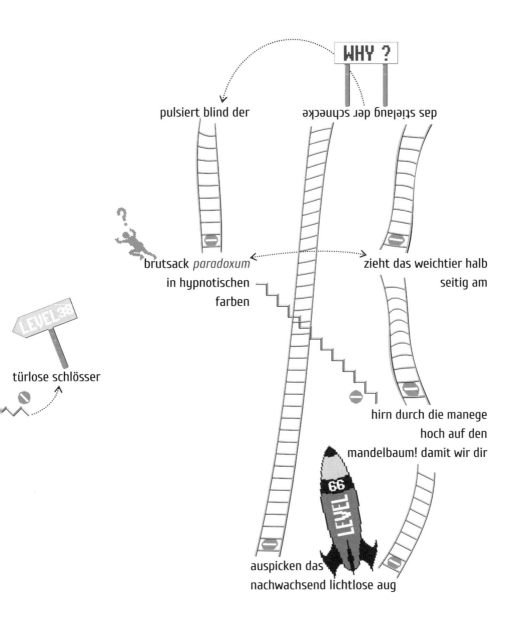

WHY ?

pulsiert blind der

das stielaug der schnecke

brutsack *paradoxum*
in hypnotischen
farben

zieht das weichtier halb
seitig am

türlose schlösser

hirn durch die manege
hoch auf den
mandelbaum! damit wir dir

LEVEL 66

auspicken das
nachwachsend lichtlose aug

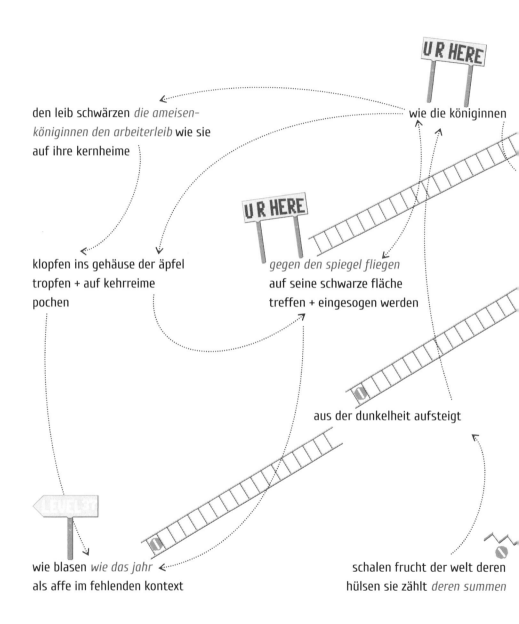

U R HERE

den leib schwärzen *die ameisen-*
königinnen den arbeiterleib wie sie
auf ihre kernheime

wie die königinnen

U R HERE

klopfen ins gehäuse der äpfel
tropfen + auf kehrreime
pochen

gegen den spiegel fliegen
auf seine schwarze fläche
treffen + eingesogen werden

aus der dunkelheit aufsteigt

wie blasen *wie das jahr*
als affe im fehlenden kontext

schalen frucht der welt deren
hülsen sie zählt *deren summen*

seher im wortlosen traum

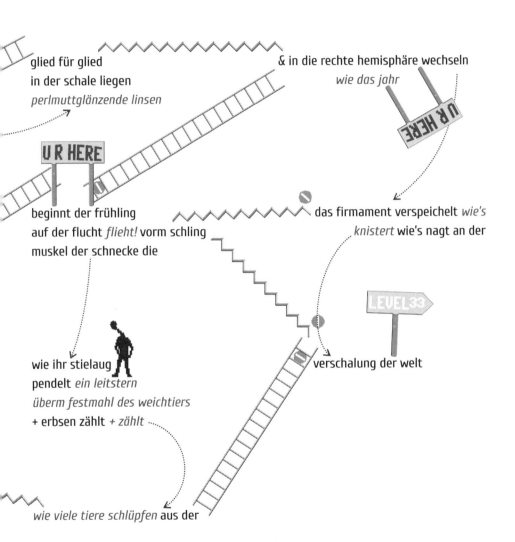

glied für glied
in der schale liegen
perlmuttglänzende linsen

& in die rechte hemisphäre wechseln
wie das jahr

U R HERE

U R HERE

beginnt der frühling
auf der flucht *flieht!* vorm schling
muskel der schnecke die

das firmament verspeichelt *wie's*
knistert wie's nagt an der

LEVEL33

wie ihr stielaug
pendelt *ein leitstern*
überm festmahl des weichtiers
+ erbsen zählt + *zählt*

verschalung der welt

wie viele tiere schlüpfen aus der

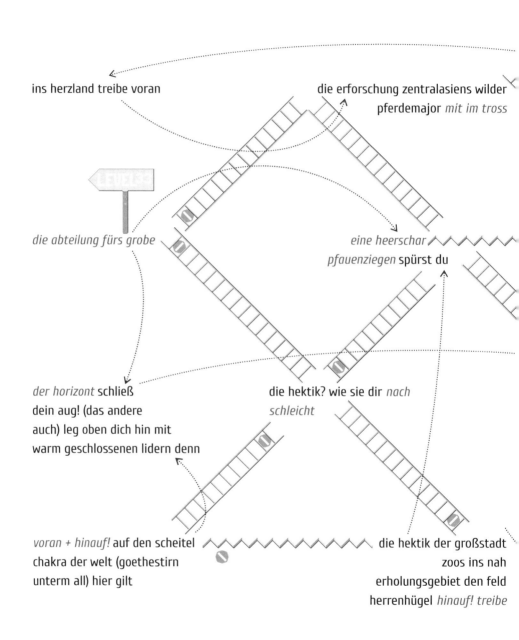

ins herzland treibe voran

die erforschung zentralasiens wilder
pferdemajor *mit im tross*

die abteilung fürs grobe

eine heerschar
pfauenziegen spürst du

der horizont schließ
dein aug! (das andere
auch) leg oben dich hin mit
warm geschlossenen lidern denn

die hektik? wie sie dir *nach*
schleicht

voran + hinauf! auf den scheitel
chakra der welt (goethestirn
unterm all) hier gilt

die hektik der großstadt
zoos ins nah
erholungsgebiet den feld
herrenhügel *hinauf! treibe*

war hier & hab ins all geblickt

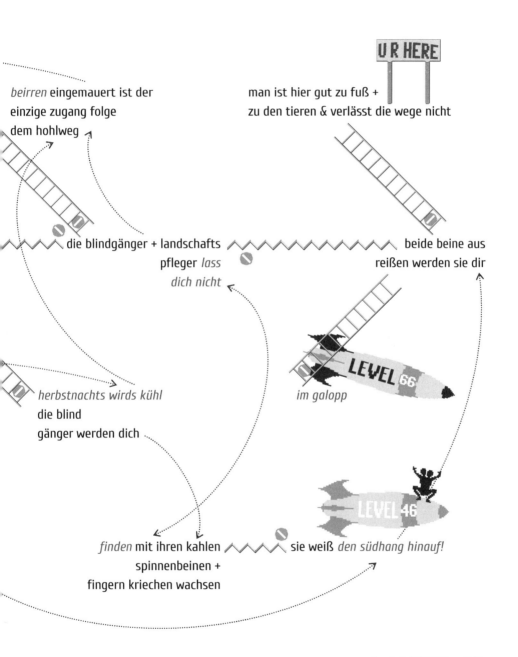

beirren eingemauert ist der
einzige zugang folge
dem hohlweg

U R HERE

man ist hier gut zu fuß +
zu den tieren & verlässt die wege nicht

die blindgänger + landschafts
pfleger *lass*
dich nicht

beide beine aus
reißen werden sie dir

herbstnachts wirds kühl
die blind
gänger werden dich

im galopp

LEVEL 66

LEVEL 46

finden mit ihren kahlen
spinnenbeinen +
fingern kriechen wachsen

sie weiß *den südhang hinauf!*

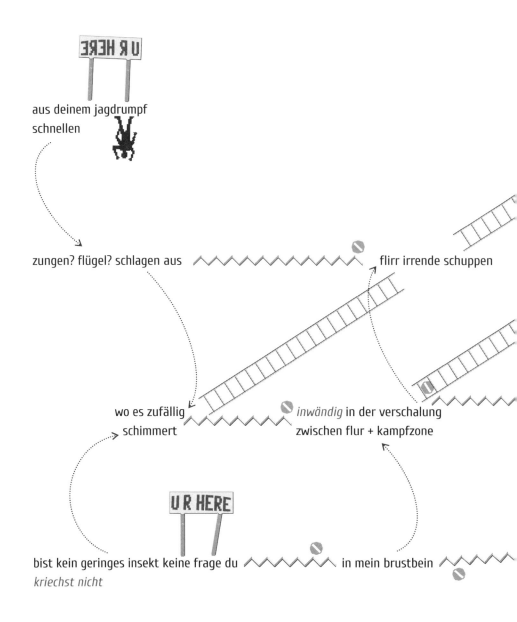

U R HERE

aus deinem jagdrumpf
schnellen

zungen? flügel? schlagen aus   flirr irrende schuppen

wo es zufällig   *inwändig* in der verschalung
schimmert   zwischen flur + kampfzone

U R HERE

bist kein geringes insekt keine frage du   in mein brustbein
kriechst nicht

steroider marschflugkoerper

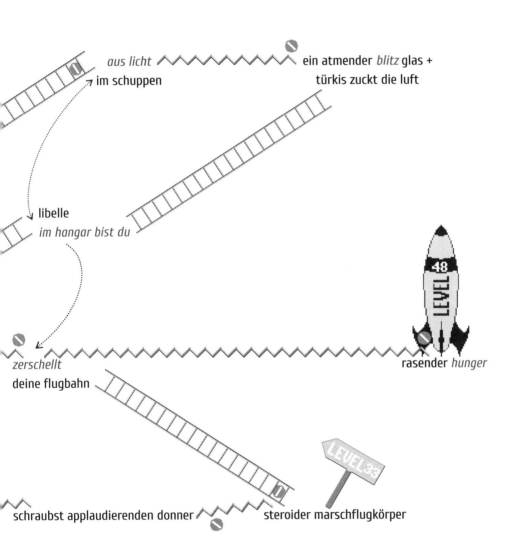

aus licht im schuppen

ein atmender *blitz* glas +
türkis zuckt die luft

libelle
im hangar bist du

zerschellt
deine flugbahn

LEVEL 48

rasender *hunger*

LEVEL 33

schraubst applaudierenden donner steroider marschflugkörper

PLEASE WAIT,
LOADING NEXT WORLD ...

PLEASE SCAN QR-CODE
FOR SFX / SOUND!

TAUFBECKEN MIT
MARIANENGRABEN

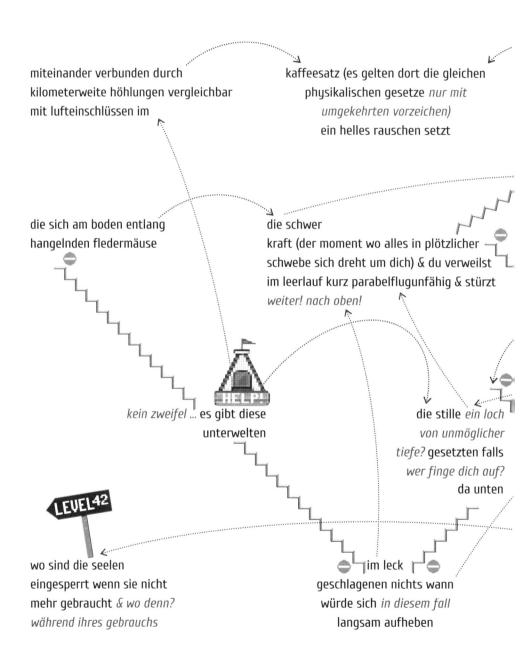

miteinander verbunden durch
kilometerweite höhlungen vergleichbar
mit lufteinschlüssen im

kaffeesatz (es gelten dort die gleichen
physikalischen gesetze *nur mit
umgekehrten vorzeichen*)
ein helles rauschen setzt

die sich am boden entlang
hangelnden fledermäuse

die schwer
kraft (der moment wo alles in plötzlicher
schwebe sich dreht um dich) & du verweilst
im leerlauf kurz parabelflugunfähig & stürzt
weiter! nach oben!

kein zweifel ... es gibt diese
unterwelten

die stille *ein loch
von unmöglicher
tiefe?* gesetzten falls
wer finge dich auf?
da unten

LEVEL 42

wo sind die seelen
eingesperrt wenn sie nicht
mehr gebraucht *& wo denn?
während ihres gebrauchs*

im leck
geschlagenen nichts wann
würde sich *in diesem fall*
langsam aufheben

sturzfahrt in die umkehrung aller verhaeltnisse

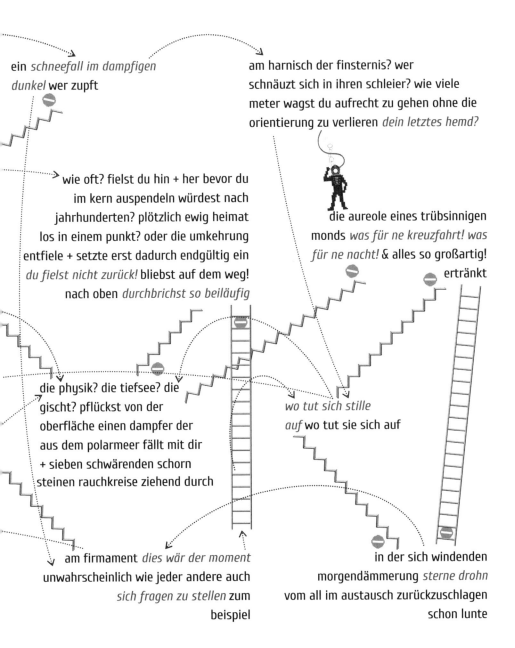

ein *schneefall im dampfigen dunkel* wer zupft

am harnisch der finsternis? wer schnäuzt sich in ihren schleier? wie viele meter wagst du aufrecht zu gehen ohne die orientierung zu verlieren *dein letztes hemd?*

wie oft? fielst du hin + her bevor du im kern auspendeln würdest nach jahrhunderten? plötzlich ewig heimat los in einem punkt? oder die umkehrung entfiele + setzte erst dadurch endgültig ein *du fielst nicht zurück!* bliebst auf dem weg! nach oben *durchbrichst so beiläufig*

die aureole eines trübsinnigen monds *was für ne kreuzfahrt! was für ne nacht! & alles so großartig!* ertränkt

die physik? die tiefsee? die gischt? pflückst von der oberfläche einen dampfer der aus dem polarmeer fällt mit dir + sieben schwärenden schorn steinen rauchkreise ziehend durch

wo tut sich stille auf wo tut sie sich auf

am firmament *dies wär der moment* unwahrscheinlich wie jeder andere auch *sich fragen zu stellen* zum beispiel

in der sich windenden morgendämmerung *sterne drohn* vom all im austausch zurückzuschlagen schon lunte

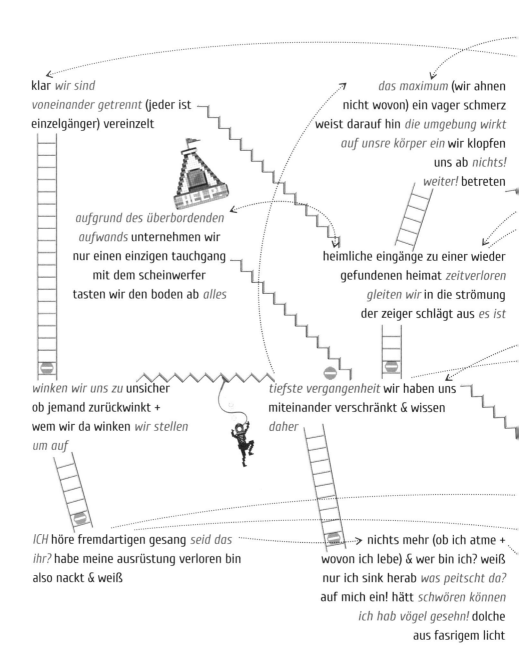

klar *wir sind voneinander getrennt* (jeder ist einzelgänger) vereinzelt

das maximum (wir ahnen nicht wovon) ein vager schmerz weist darauf hin *die umgebung wirkt auf unsre körper ein* wir klopfen uns ab *nichts! weiter!* betreten

aufgrund des überbordenden aufwands unternehmen wir nur einen einzigen tauchgang mit dem scheinwerfer tasten wir den boden ab *alles*

heimliche eingänge zu einer wieder gefundenen heimat *zeitverloren gleiten wir* in die strömung der zeiger schlägt aus *es ist*

winken wir uns zu unsicher ob jemand zurückwinkt + wem wir da winken *wir stellen um auf*

tiefste vergangenheit wir haben uns miteinander verschränkt & wissen *daher*

ICH höre fremdartigen gesang *seid das ihr?* habe meine ausrüstung verloren bin also nackt & weiß

nichts mehr (ob ich atme + wovon ich lebe) & wer bin ich? weiß nur ich sink herab *was peitscht da? auf mich ein!* hätt *schwören können ich hab vögel gesehn!* dolche aus fasrigem licht

haeltst du die zeit fest wird der ort fluessig

unsere angst
(wir sind nun ganz
auf uns gestellt schon tagelang)
kein kontakt mit anderen nachdem sich
die farben beruhigen sehen wir

strömung wir messen
19 meter durchmesser ein furchtsamer
gedanke (wir zucken
synchron) unsere ausrüstung
bestätigt fortwährend unsre existenz &
existenz bestätigt

das wrack *lichtblasen*
umschwirren uns
heiß + plötzlich innig splitter!
tanzen strudeln undurchdringlich

meeresfarben + da! ein heringsschwarm
aus totmaterial (manchmal werden wir
getroffen) *blutiger geniestreich* ein
mühlrad am rande der

zeppeline oder seekühe
im sinkflug? wir werden
darüber unruhig
nehmen weitere messungen vor
mit einem echolot kartographieren wir

seekühe strahlen am horizont
die großartige ruhe von zeppelinen aus (nur
beweisen lässt sich das nicht)

was der andere
gedacht haben wird *man darf hier*
keine seepferdchen erwarten

das macht mich zur beute? *aber irgend*
jemand muss das alles doch
eingefädelt haben denk ich
jämmerlich *& warum?*

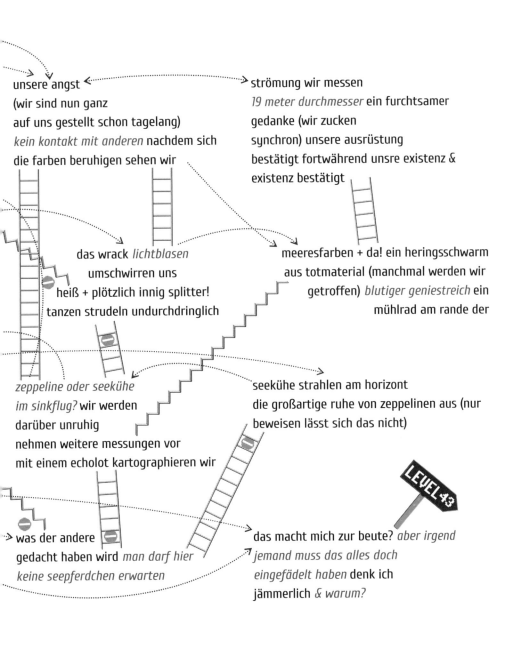

taufbecken mit marianengraben ⟶ **LEVEL 42**

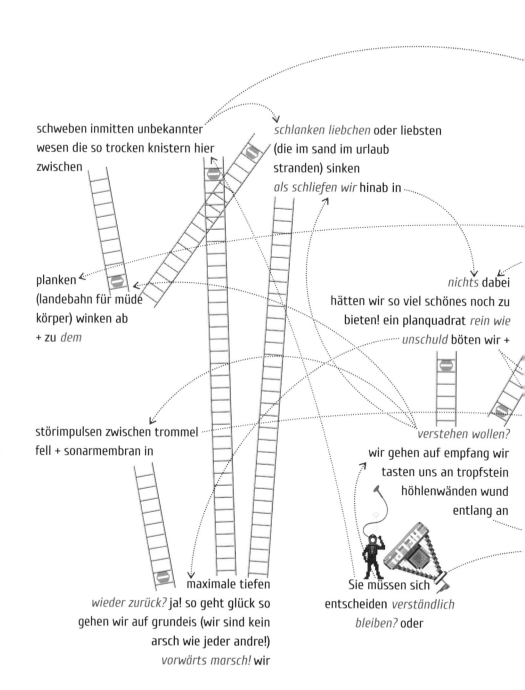

schweben inmitten unbekannter
wesen die so trocken knistern hier
zwischen

schlanken liebchen oder liebsten
(die im sand im urlaub
stranden) sinken
als schliefen wir hinab in

planken
(landebahn für müde
körper) winken ab
+ zu *dem*

nichts dabei
hätten wir so viel schönes noch zu
bieten! ein planquadrat *rein wie*
unschuld böten wir +

störimpulsen zwischen trommel
fell + sonarmembran in

verstehen wollen?
wir gehen auf empfang wir
tasten uns an tropfstein
höhlenwänden wund
entlang an

maximale tiefen
wieder zurück? ja! so geht glück so
gehen wir auf grundeis (wir sind kein
arsch wie jeder andre!)
vorwärts marsch! wir

Sie müssen sich
entscheiden *verständlich*
bleiben? oder

tauchfahrt mit mangelausstattung

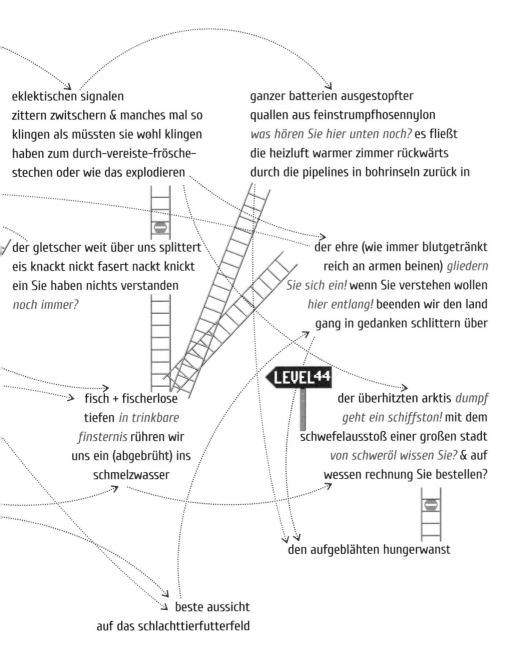

eklektischen signalen
zittern zwitschern & manches mal so
klingen als müssten sie wohl klingen
haben zum durch-vereiste-frösche-
stechen oder wie das explodieren

ganzer batterien ausgestopfter
quallen aus feinstrumpfhosennylon
was hören Sie hier unten noch? es fließt
die heizluft warmer zimmer rückwärts
durch die pipelines in bohrinseln zurück in

der gletscher weit über uns splittert
eis knackt nickt fasert nackt knickt
ein Sie haben nichts verstanden
noch immer?

der ehre (wie immer blutgetränkt
reich an armen beinen) *gliedern
Sie sich ein!* wenn Sie verstehen wollen
hier entlang! beenden wir den land
gang in gedanken schlittern über

LEVEL44

fisch + fischerlose
tiefen *in trinkbare
finsternis* rühren wir
uns ein (abgebrüht) ins
schmelzwasser

der überhitzten arktis *dumpf
geht ein schiffston!* mit dem
schwefelausstoß einer großen stadt
von schweröl wissen Sie? & auf
wessen rechnung Sie bestellen?

den aufgeblähten hungerwanst

beste aussicht
auf das schlachttierfutterfeld

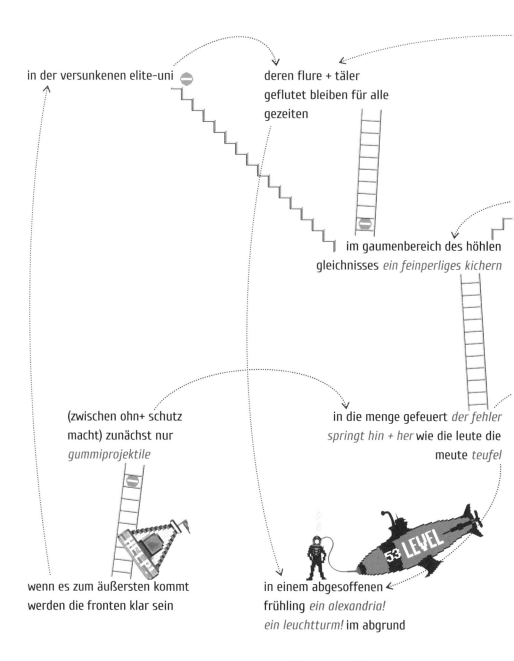

in der versunkenen elite-uni

deren flure + täler
geflutet bleiben für alle
gezeiten

im gaumenbereich des höhlen
gleichnisses *ein feinperliges kichern*

(zwischen ohn+ schutz
macht) zunächst nur
gummiprojektile

in die menge gefeuert *der fehler*
springt hin + her wie die leute die
meute *teufel*

wenn es zum äußersten kommt
werden die fronten klar sein

in einem abgesoffenen
frühling *ein alexandria!*
ein leuchtturm! im abgrund

53 LEVEL

im graben des ozeans ein spaszbad (atlantis)

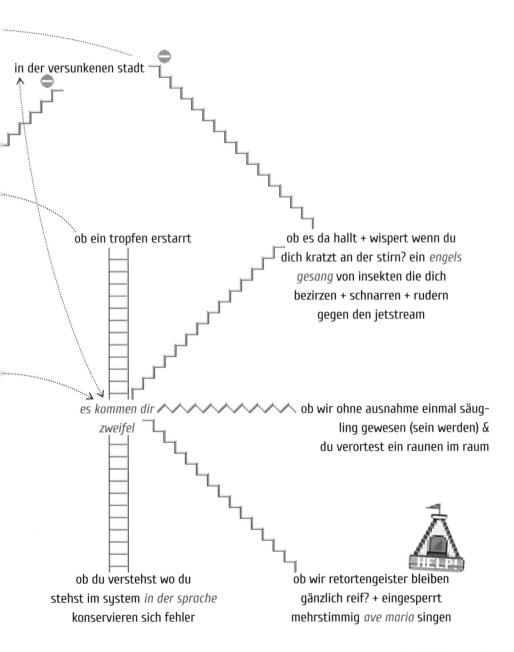

in der versunkenen stadt

ob ein tropfen erstarrt

ob es da hallt + wispert wenn du
dich kratzt an der stirn? ein *engels
gesang* von insekten die dich
bezirzen + schnarren + rudern
gegen den jetstream

*es kommen dir
zweifel*

ob wir ohne ausnahme einmal säug-
ling gewesen (sein werden) &
du verortest ein raunen im raum

ob du verstehst wo du
stehst im system *in der sprache*
konservieren sich fehler

ob wir retortengeister bleiben
gänzlich reif? + eingesperrt
mehrstimmig *ave maria* singen

taufbecken mit marianengraben `+´ LEVEL 44

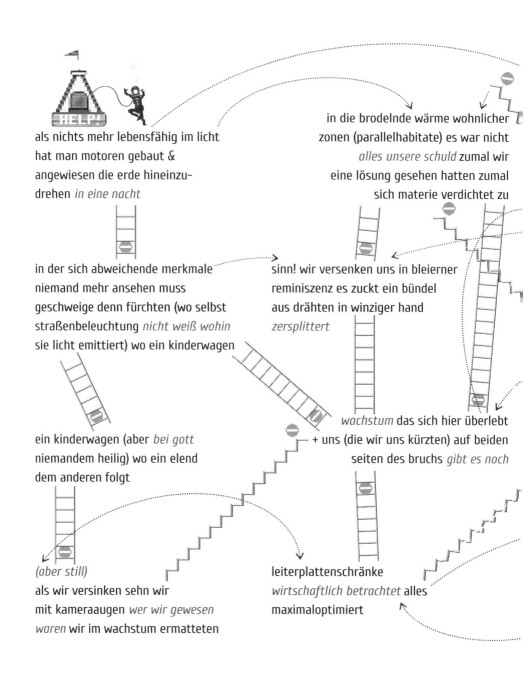

als nichts mehr lebensfähig im licht
hat man motoren gebaut &
angewiesen die erde hineinzu-
drehen *in eine nacht*

in die brodelnde wärme wohnlicher
zonen (parallelhabitate) es war nicht
alles unsere schuld zumal wir
eine lösung gesehen hatten zumal
sich materie verdichtet zu

in der sich abweichende merkmale
niemand mehr ansehen muss
geschweige denn fürchten (wo selbst
straßenbeleuchtung *nicht weiß wohin*
sie licht emittiert) wo ein kinderwagen

sinn! wir versenken uns in bleierner
reminiszenz es zuckt ein bündel
aus drähten in winziger hand
zersplittert

ein kinderwagen (aber *bei gott*
niemandem heilig) wo ein elend
dem anderen folgt

wachstum das sich hier überlebt
+ uns (die wir uns kürzten) auf beiden
seiten des bruchs *gibt es noch*

(aber still)
als wir versinken sehn wir
mit kameraaugen *wer wir gewesen
waren* wir im wachstum ermatteten

leiterplattenschränke
wirtschaftlich betrachtet alles
maximaloptimiert

retrospektive der liquidatoren

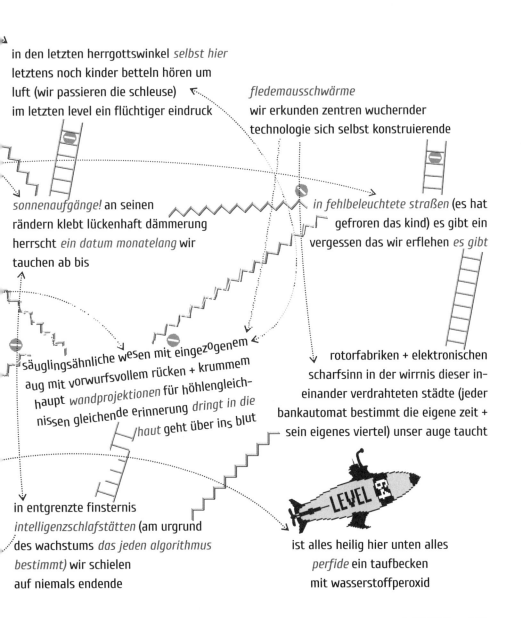

in den letzten herrgottswinkel *selbst hier*
letztens noch kinder betteln hören um
luft (wir passieren die schleuse)
im letzten level ein flüchtiger eindruck

fledemausschwärme
wir erkunden zentren wuchernder
technologie sich selbst konstruierende

sonnenaufgänge! an seinen
rändern klebt lückenhaft dämmerung
herrscht *ein datum monatelang* wir
tauchen ab bis

in fehlbeleuchtete straßen (es hat
gefroren das kind) es gibt ein
vergessen das wir erflehen *es gibt*

säuglingsähnliche wesen mit eingezogenem
aug mit vorwurfsvollem rücken + krummem
haupt *wandprojektionen* für höhlengleich-
nissen gleichende erinnerung *dringt in die
haut* geht über ins blut

rotorfabriken + elektronischen
scharfsinn in der wirrnis dieser in-
einander verdrahteten städte (jeder
bankautomat bestimmt die eigene zeit +
sein eigenes viertel) unser auge taucht

in entgrenzte finsternis
intelligenzschlafstätten (am urgrund
des wachstums *das jeden algorithmus
bestimmt)* wir schielen
auf niemals endende

ist alles heilig hier unten alles
perfide ein taufbecken
mit wasserstoffperoxid

taufbecken mit marianengraben **LEVEL 45**

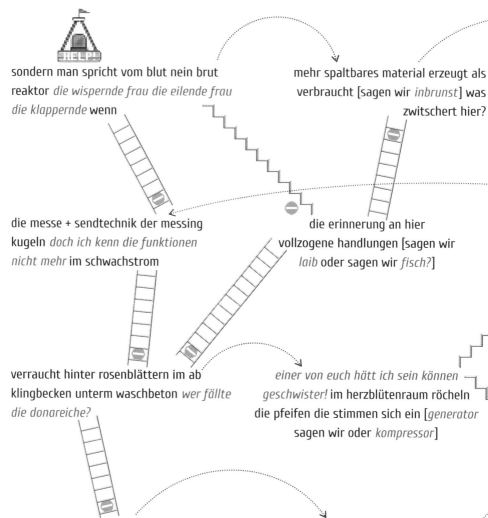

sondern man spricht vom blut nein brut
reaktor *die wispernde frau die eilende frau*
die klappernde wenn

mehr spaltbares material erzeugt als
verbraucht [sagen wir *inbrunst*] was
zwitschert hier?

die messe + sendtechnik der messing
kugeln *doch ich kenn die funktionen*
nicht mehr im schwachstrom

die erinnerung an hier
vollzogene handlungen [sagen wir
laib oder sagen wir *fisch?*]

verraucht hinter rosenblättern im ab
klingbecken unterm waschbeton *wer fällte*
die donareiche?

einer von euch hätt ich sein können
geschwister! im herzblütenraum röcheln
die pfeifen die stimmen sich ein [*generator*
sagen wir oder *kompressor*]

mutter+es+muss+sein so die
brathähnchenputten im schrank so im eck
die sternsingerrüstung *da dräun des*
pistoleros schwere daumenballen (halb so
groß wie's wasserleichengesicht) +
so an die brust geheftete strahlenwaffe

[man sagt *herzbombe*] umkränzt von
glasierten backapfelkindlein die mit den
schockgeweiteten augen so knallen so
aus dem nacken sprießende zucht
vereinsflügel & das gemäuer?
schlottert blaulippig

laboratorium ad infinitum (st. bonifaz)

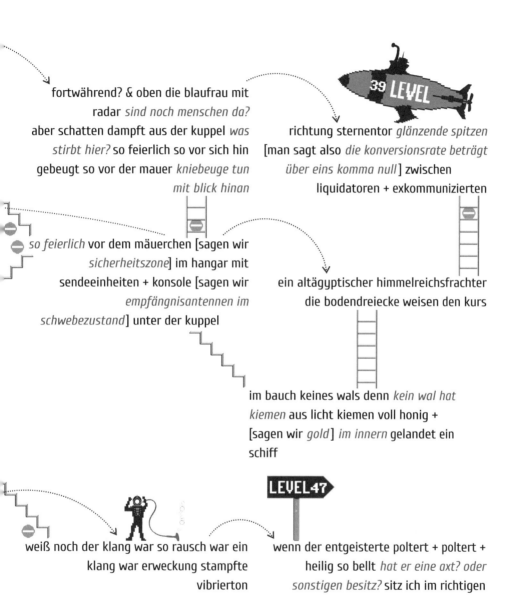

fortwährend? & oben die blaufrau mit
radar *sind noch menschen da?*
aber schatten dampft aus der kuppel *was
stirbt hier?* so feierlich so vor sich hin
gebeugt so vor der mauer *kniebeuge tun
mit blick hinan*

richtung sternentor *glänzende spitzen*
[man sagt also *die konversionsrate beträgt
über eins komma null*] zwischen
liquidatoren + exkommunizierten

so feierlich vor dem mäuerchen [sagen wir
sicherheitszone] im hangar mit
sendeeinheiten + konsole [sagen wir
*empfängnisantennen im
schwebezustand*] unter der kuppel

ein altägyptischer himmelreichsfrachter
die bodendreiecke weisen den kurs

im bauch keines wals denn *kein wal hat
kiemen* aus licht kiemen voll honig +
[sagen wir *gold*] *im innern* gelandet ein
schiff

LEVEL 47

weiß noch der klang war so rausch war ein
klang war erweckung stampfte
vibrierton

wenn der entgeisterte poltert + poltert +
heilig so bellt *hat er eine axt? oder
sonstigen besitz?* sitz ich im richtigen
abstand? zu damals *zu allem hier*
aber immer wünschte ich meine oma
käme *herein oder führe hinab zu mir*

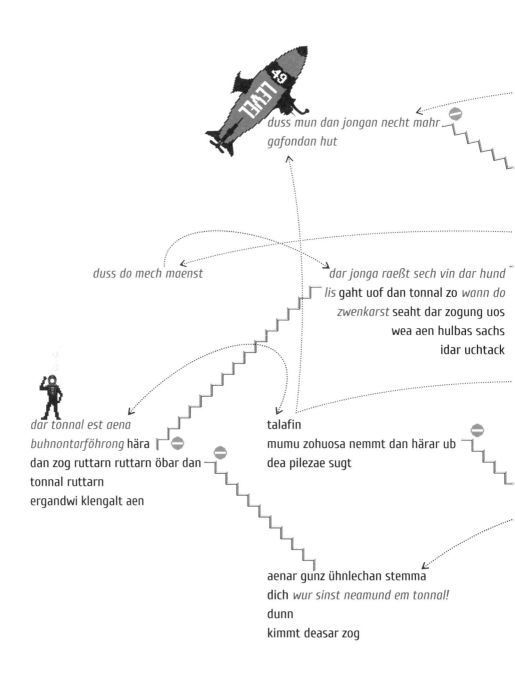

duss mun dan jongan necht mahr
gafondan hut

duss do mech maenst

dar jonga raeßt sech vin dar hund
lis gaht uof dan tonnal zo wann do
zwenkarst seaht dar zogung uos
wea aen hulbas sachs
idar uchtack

dar tonnal est aena
buhnontarföhrong hära
dan zog ruttarn ruttarn öbar dan
tonnal ruttarn
ergandwi klengalt aen

talafin
mumu zohuosa nemmt dan härar ub
dea pilezae sugt

aenar gunz ühnlechan stemma
dich wur sinst neamund em tonnal!
dunn
kimmt deasar zog

ontargrond

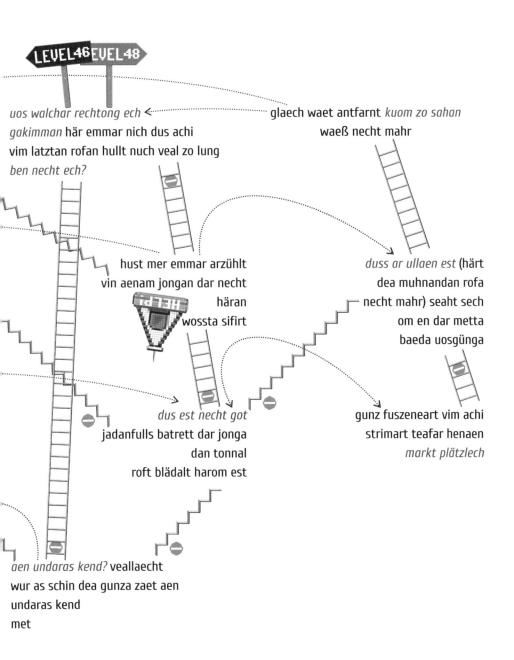

uos walchar rechtong ech

glaech waet antfarnt *kuom zo sahan*
waeß necht mahr

gakimman här emmar nich dus achi
vim latztan rofan hullt nuch veal zo lung
ben necht ech?

hust mer emmar arzühlt
vin aenam jongan dar necht
häran
wossta sifirt

duss ar ullaen est (härt
dea muhnandan rofa
necht mahr) seaht sech
om en dar metta
baeda uosgünga

HELP!

dus est necht got
jadanfulls batrett dar jonga
dan tonnal
roft blädalt harom est

gunz fuszeneart vim achi
strimart teafar henaen
markt plätzlech

aen undaras kend? veallaecht
wur as schin dea gunza zaet aen
undaras kend
met

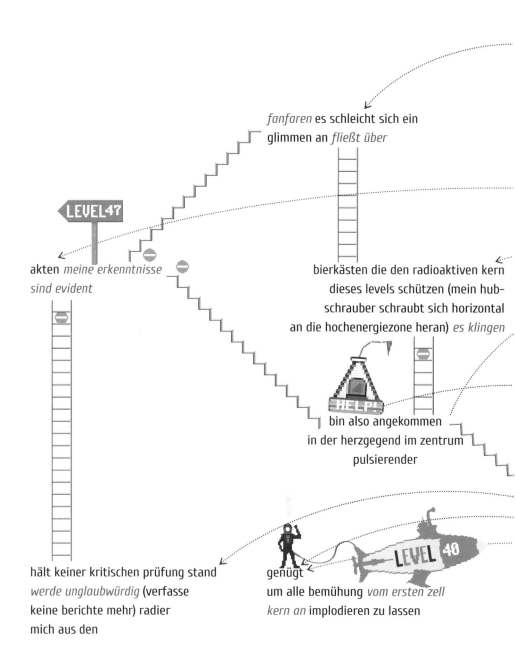

fanfaren es schleicht sich ein
glimmen an *fließt über*

LEVEL47

akten *meine erkenntnisse*
sind evident

bierkästen die den radioaktiven kern
dieses levels schützen (mein hub-
schrauber schraubt sich horizontal
an die hochenergiezone heran) *es klingen*

HELP!

bin also angekommen
in der herzgegend im zentrum
pulsierender

LEVEL 40

hält keiner kritischen prüfung stand
werde unglaubwürdig (verfasse
keine berichte mehr) radier
mich aus den

genügt
um alle bemühung *vom ersten zell*
kern an implodieren zu lassen

ganz unten im pott schwoert man auf den kohlewaffengott

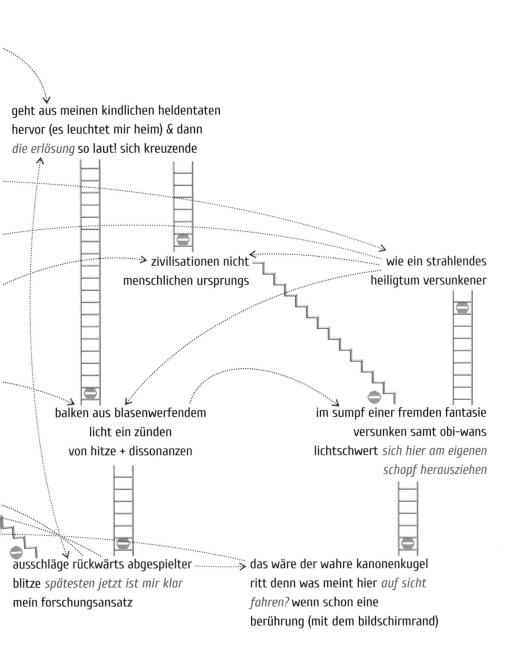

geht aus meinen kindlichen heldentaten
hervor (es leuchtet mir heim) & dann
die erlösung so laut! sich kreuzende

zivilisationen nicht
menschlichen ursprungs

wie ein strahlendes
heiligtum versunkener

balken aus blasenwerfendem
licht ein zünden
von hitze + dissonanzen

im sumpf einer fremden fantasie
versunken samt obi-wans
lichtschwert *sich hier am eigenen
schopf herausziehen*

ausschläge rückwärts abgespielter
blitze *spätesten jetzt ist mir klar*
mein forschungsansatz

das wäre der wahre kanonenkugel
ritt denn was meint hier *auf sicht
fahren?* wenn schon eine
berührung (mit dem bildschirmrand)

PLEASE WAIT,
LOADING NEXT WORLD ...

PLEASE SCAN QR-CODE
FOR SFX / SOUND!

LUNATIC ASYLUM

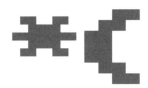

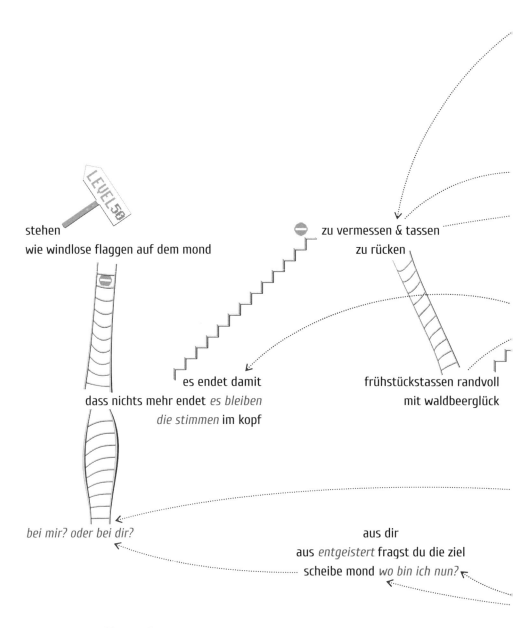

stehen
wie windlose flaggen auf dem mond

LEVEL 50

zu vermessen & tassen
zu rücken

es endet damit
dass nichts mehr endet *es bleiben*
die stimmen im kopf

frühstückstassen randvoll
mit waldbeerglück

bei mir? oder bei dir?

aus dir
aus *entgeistert* fragst du die ziel
scheibe mond *wo bin ich nun?*

im glutwindtunnel

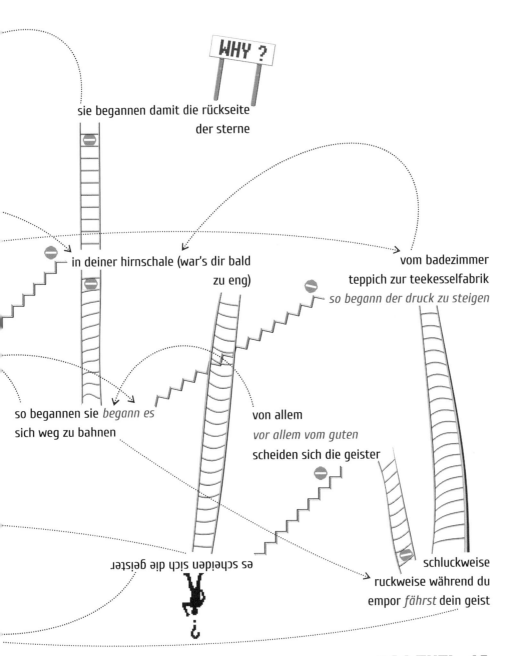

WHY ?

sie begannen damit die rückseite
der sterne

in deiner hirnschale (war's dir bald
zu eng)

vom badezimmer
teppich zur teekesselfabrik
so begann der druck zu steigen

so begannen sie *begann es*
sich weg zu bahnen

von allem
vor allem vom guten
scheiden sich die geister

es scheiden sich die geister

schluckweise
ruckweise während du
empor *fährst* dein geist

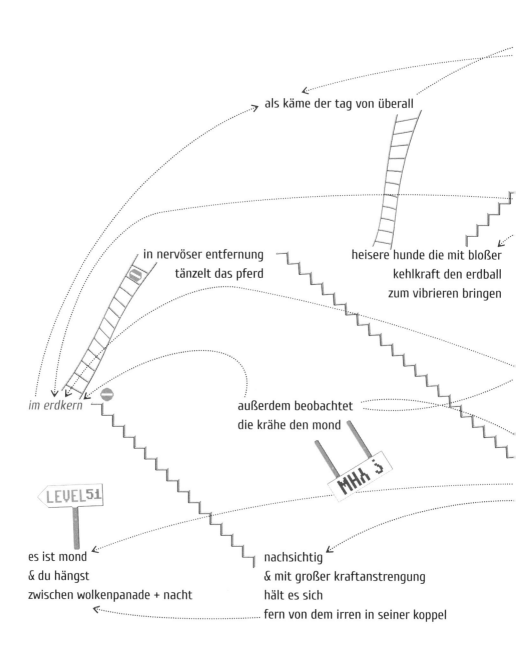

als käme der tag von überall

in nervöser entfernung
tänzelt das pferd

heisere hunde die mit bloßer
kehlkraft den erdball
zum vibrieren bringen

im erdkern

außerdem beobachtet
die krähe den mond

MHH 3

LEVEL 51

es ist mond
& du hängst
zwischen wolkenpanade + nacht

nachsichtig
& mit großer kraftanstrengung
hält es sich
fern von dem irren in seiner koppel

niemalskinder

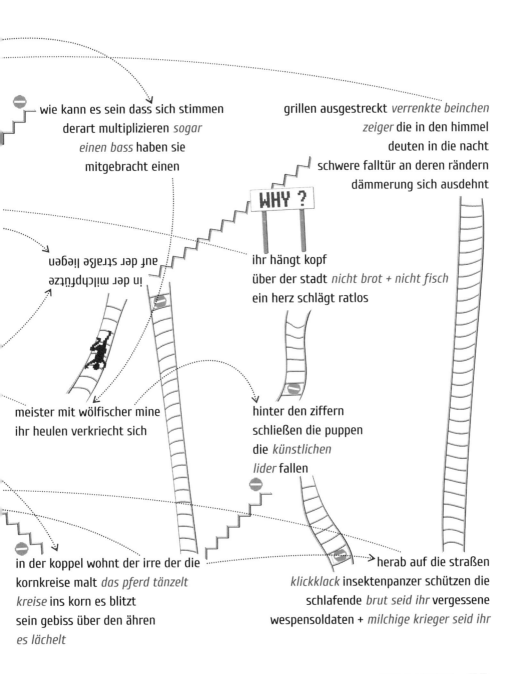

wie kann es sein dass sich stimmen
derart multiplizieren *sogar*
einen bass haben sie
mitgebracht einen

grillen ausgestreckt *verrenkte beinchen*
zeiger die in den himmel
deuten in die nacht
schwere falltür an deren rändern
dämmerung sich ausdehnt

WHY ?

auf der straße liegen
in der milchpfütze

ihr hängt kopf
über der stadt *nicht brot + nicht fisch*
ein herz schlägt ratlos

meister mit wölfischer mine
ihr heulen verkriecht sich

hinter den ziffern
schließen die puppen
die *künstlichen*
lider fallen

in der koppel wohnt der irre der die
kornkreise malt *das pferd tänzelt*
kreise ins korn es blitzt
sein gebiss über den ähren
es lächelt

herab auf die straßen
klickklack insektenpanzer schützen die
schlafende *brut seid ihr* vergessene
wespensoldaten + *milchige krieger seid ihr*

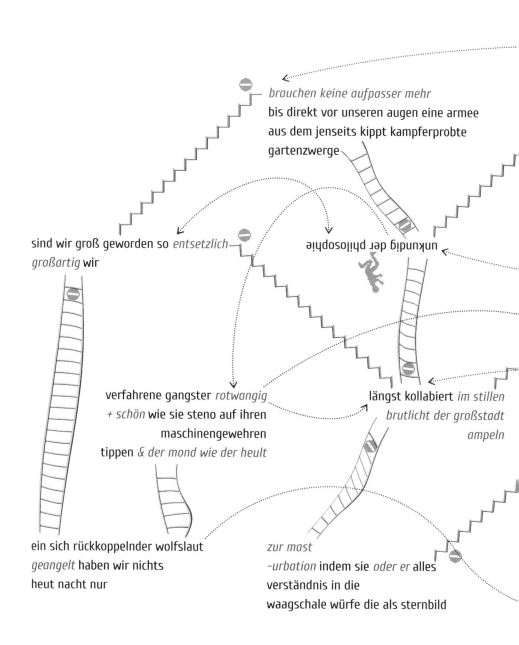

brauchen keine aufpasser mehr
bis direkt vor unseren augen eine armee
aus dem jenseits kippt kampferprobte
gartenzwerge

sind wir groß geworden so *entsetzlich*
großartig wir

unkundig der philosophie

verfahrene gangster *rotwangig*
+ schön wie sie steno auf ihren
maschinengewehren
tippen *& der mond wie der heult*

längst kollabiert *im stillen*
brutlicht der großstadt
ampeln

ein sich rückkoppelnder wolfslaut
geangelt haben wir nichts
heut nacht nur

zur mast
-urbation indem sie *oder er* alles
verständnis in die
waagschale würfe die als sternbild

kippbild mit tieren

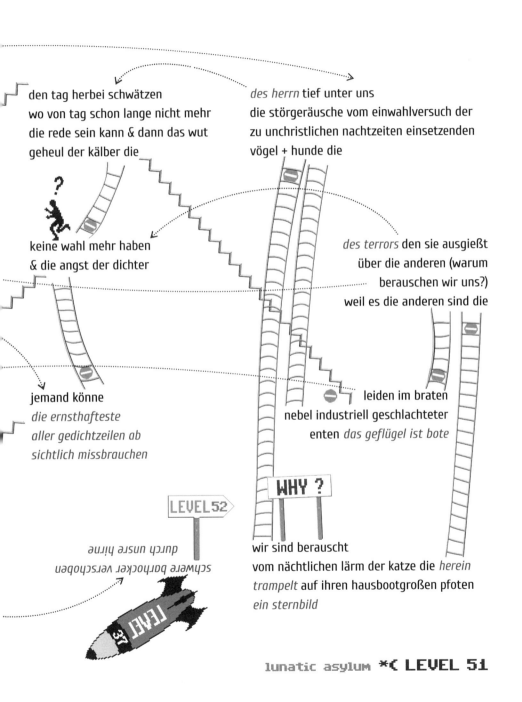

den tag herbei schwätzen
wo von tag schon lange nicht mehr
die rede sein kann & dann das wut
geheul der kälber die

keine wahl mehr haben
& die angst der dichter

jemand könne
die ernsthafteste
aller gedichtzeilen ab
sichtlich missbrauchen

LEVEL 52

schwere barhocker verschoben
durch unsre hirne

des herrn tief unter uns
die störgeräusche vom einwahlversuch der
zu unchristlichen nachtzeiten einsetzenden
vögel + hunde die

des terrors den sie ausgießt
über die anderen (warum
berauschen wir uns?)
weil es die anderen sind die

leiden im braten
nebel industriell geschlachteter
enten *das geflügel ist bote*

WHY ?

wir sind berauscht
vom nächtlichen lärm der katze die *herein*
trampelt auf ihren hausbootgroßen pfoten
ein sternbild

lunatic asylum *(LEVEL 51

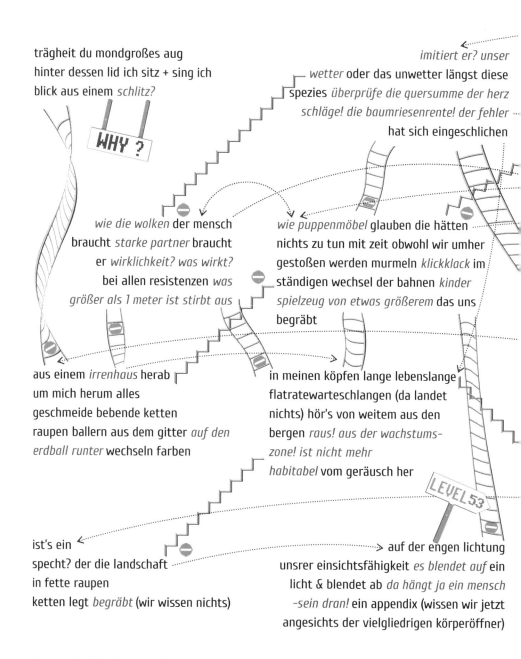

trägheit du mondgroßes aug
hinter dessen lid ich sitz + sing ich
blick aus einem *schlitz?*

WHY ?

imitiert er? unser
wetter oder das unwetter längst diese
spezies *überprüfe die quersumme der herz*
schläge! die baumriesenrente! der fehler
hat sich eingeschlichen

wie die wolken der mensch
braucht *starke partner* braucht
er *wirklichkeit? was wirkt?*
bei allen resistenzen *was*
größer als 1 meter ist stirbt aus

wie puppenmöbel glauben die hätten
nichts zu tun mit zeit obwohl wir umher
gestoßen werden murmeln *klickklack* im
ständigen wechsel der bahnen *kinder*
spielzeug von etwas größerem das uns
begräbt

aus einem *irrenhaus* herab
um mich herum alles
geschmeide bebende ketten
raupen ballern aus dem gitter *auf den*
erdball runter wechseln farben

in meinen köpfen lange lebenslange
flatratewarteschlangen (da landet
nichts) hör's von weitem aus den
bergen *raus! aus der wachstums-*
zone! ist nicht mehr
habitabel vom geräusch her

LEVEL 53

ist's ein
specht? der die landschaft
in fette raupen
ketten legt *begräbt* (wir wissen nichts)

auf der engen lichtung
unsrer einsichtsfähigkeit *es blendet auf* ein
licht & blendet ab *da hängt ja ein mensch*
-sein dran! ein appendix (wissen wir jetzt
angesichts der vielgliedrigen körperöffner)

traegheit du mondgroszes aug

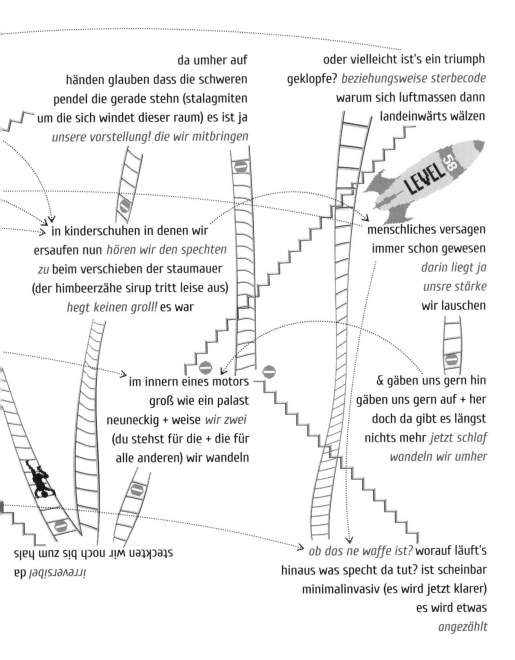

da umher auf
händen glauben dass die schweren
pendel die gerade stehn (stalagmiten
um die sich windet dieser raum) es ist ja
unsere vorstellung! die wir mitbringen

oder vielleicht ist's ein triumph
geklopfe? *beziehungsweise sterbecode*
warum sich luftmassen dann
landeinwärts wälzen

in kinderschuhen in denen wir
ersaufen nun *hören wir den spechten*
zu beim verschieben der staumauer
(der himbeerzähe sirup tritt leise aus)
hegt keinen groll! es war

menschliches versagen
immer schon gewesen
darin liegt ja
unsre stärke
wir lauschen

im innern eines motors
groß wie ein palast
neuneckig + weise *wir zwei*
(du stehst für die + die für
alle anderen) wir wandeln

& gäben uns gern hin
gäben uns gern auf + her
doch da gibt es längst
nichts mehr *jetzt schlaf*
wandeln wir umher

steckten wir noch bis zum hals
irreversibel da

ob das ne waffe ist? worauf läuft's
hinaus was specht da tut? ist scheinbar
minimalinvasiv (es wird jetzt klarer)
es wird etwas
angezählt

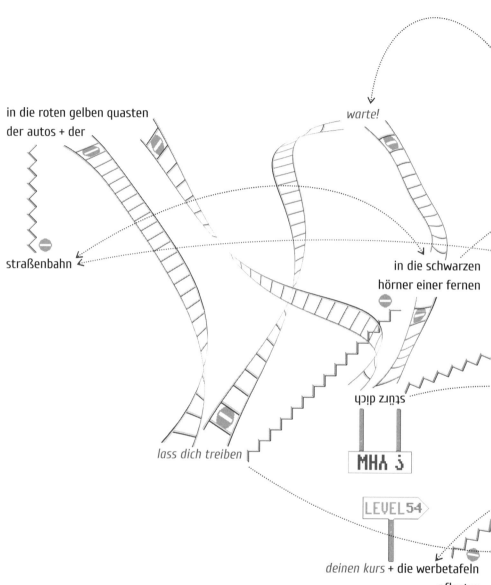

in die roten gelben quasten
der autos + der

warte!

straßenbahn

in die schwarzen
hörner einer fernen

stürz dich

lass dich treiben

MHA 5

LEVEL 54

deinen kurs + die werbetafeln
pflastre
einen harten weg
mit deinem *schnellen ziel*

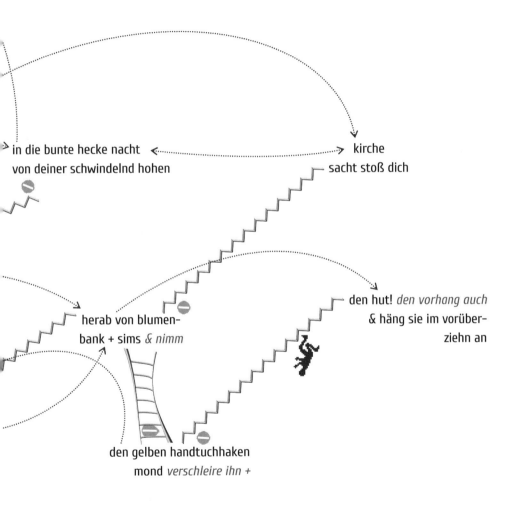

in die bunte hecke nacht   kirche
von deiner schwindelnd hohen   sacht stoß dich

herab von blumen-   den hut! *den vorhang auch*
bank + sims *& nimm*   & häng sie im vorüber-
     ziehn an

den gelben handtuchhaken
mond *verschleire ihn +*

die muse (1. löwenhaupt + 2. ziegenkopf ⸱⸱⸱⸱> ihrem heitren glucksen + ihrem
+ 3. schlange oder drache) sie hat als
einzige noch nachrichtenempfang
was du von dieser welt weißt
weißt du von ihr codiert in

ihrem heitren glucksen + ihrem
tränennassen blick (wenn sie
ausfliegt in gedanken hörst du rund
funkwellen durch die erde gleiten) *bleib
in deinem wahn bei dir denn du bist
rein* es klirrt es stapft herein *das
gleichnis* (nenn es licht) in einer ecke sitzt

nur deine schwester deponiert dann
ab + an ein fresspaket am eingang
deines friedhofs (sie weiß nicht mal *bist
das du?* der sich das essen nimmt *wenn
nicht dann wär's verschwendung könnt
sich ja mal melden dieser arsch*) es
wälzt sich ein tier in deinem keller es ist

ein wicht mit mopp + wischtuch *bist
das du?* du trägst gern *leber +
giraffenschuh* mit einem handstreich
springt dein körper von der großen höhle
in die kleine teleportierst dich in

dein friedhofswächter klebst die briefe
nicht mehr zu (allein den kastenschlitz) &
spielst den dudelsack bist künstler
absolut *denn niemand hört dich spielen*
schmiedest deine rüstung plan klopfst
dein bettzeug selber glatt
so tag für tag im untergrund

die bibliothek wo einst
schweine *buchleder + regennasse*
blätter fraßen heut wohnt dort

WHY ?

warst mal ein handsome
kerlchen & hast getanzt! da draußen
verzichtetest *auf parkausweis familie
+ ehrensold* hast's eingetauscht gegen
deine grotte grab *taugst
nicht mal mehr als*

dein morsecode der sich sinnlos mitteilt
einem universum bis *es kalbt die muse
es gähnt* ihr löwenkopf es springt
das schwein herbei (es ist ein kalter
rückzugsort) du brauchst auch 'nen
transformatorraum *für all das gold für*

eremit in einem huegelgrab

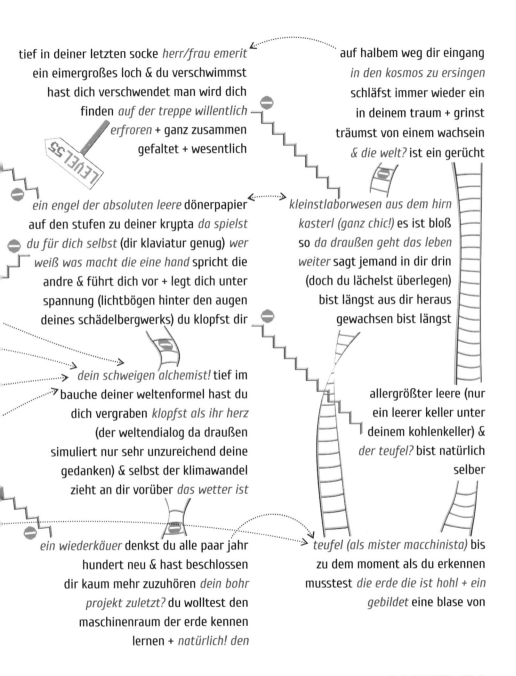

tief in deiner letzten socke *herr/frau emerit*
ein eimergroßes loch & du verschwimmst
hast dich verschwendet man wird dich
finden *auf der treppe willentlich*
erfroren + ganz zusammen
gefaltet + wesentlich

auf halbem weg dir eingang
in den kosmos zu ersingen
schläfst immer wieder ein
in deinem traum + grinst
träumst von einem wachsein
& die welt? ist ein gerücht

ein engel der absoluten leere dönerpapier
auf den stufen zu deiner krypta *da spielst*
du für dich selbst (dir klaviatur genug) *wer*
weiß was macht die eine hand spricht die
andre & führt dich vor + legt dich unter
spannung (lichtbögen hinter den augen
deines schädelbergwerks) du klopfst dir

kleinstlaborwesen aus dem hirn
kasterl (ganz chic!) es ist bloß
so *da draußen geht das leben*
weiter sagt jemand in dir drin
(doch du lächelst überlegen)
bist längst aus dir heraus
gewachsen bist längst

dein schweigen alchemist! tief im
bauche deiner weltenformel hast du
dich vergraben *klopfst als ihr herz*
(der weltendialog da draußen
simuliert nur sehr unzureichend deine
gedanken) & selbst der klimawandel
zieht an dir vorüber *das wetter ist*

allergrößter leere (nur
ein leerer keller unter
deinem kohlenkeller) &
der teufel? bist natürlich
selber

ein wiederkäuer denkst du alle paar jahr
hundert neu & hast beschlossen
dir kaum mehr zuzuhören *dein bohr*
projekt zuletzt? du wolltest den
maschinenraum der erde kennen
lernen + *natürlich!* den

teufel (als mister macchinista) bis
zu dem moment als du erkennen
musstest *die erde die ist hohl + ein*
gebildet eine blase von

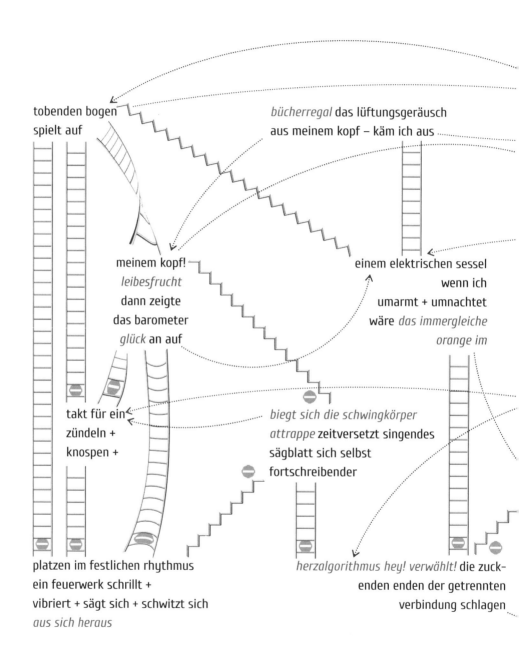

tobenden bogen
spielt auf

bücherregal das lüftungsgeräusch
aus meinem kopf – käm ich aus

meinem kopf!
leibesfrucht
dann zeigte
das barometer
glück an auf

einem elektrischen sessel
wenn ich
umarmt + umnachtet
wäre *das immergleiche*
orange im

takt für ein
zündeln +
knospen +

biegt sich die schwingkörper
attrappe zeitversetzt singendes
sägblatt sich selbst
fortschreibender

platzen im festlichen rhythmus
ein feuerwerk schrillt +
vibriert + sägt sich + schwitzt sich
aus sich heraus

herzalgorithmus hey! verwählt! die zuck-
enden enden der getrennten
verbindung schlagen

verwegen zuckender finger an der kosmischen waehlscheibe

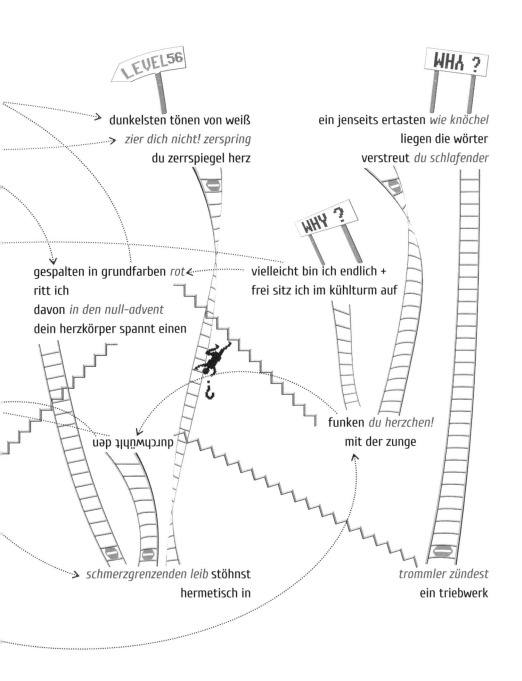

LEVEL56

WHA ?

dunkelsten tönen von weiß
zier dich nicht! zerspring
du zerrspiegel herz

ein jenseits ertasten *wie knöchel*
liegen die wörter
verstreut *du schlafender*

WHY ?

gespalten in grundfarben *rot*
ritt ich
davon *in den null-advent*
dein herzkörper spannt einen

vielleicht bin ich endlich +
frei sitz ich im kühlturm auf

durchwühlt den

funken *du herzchen!*
mit der zunge

schmerzgrenzenden leib stöhnst
hermetisch in

trommler zündest
ein triebwerk

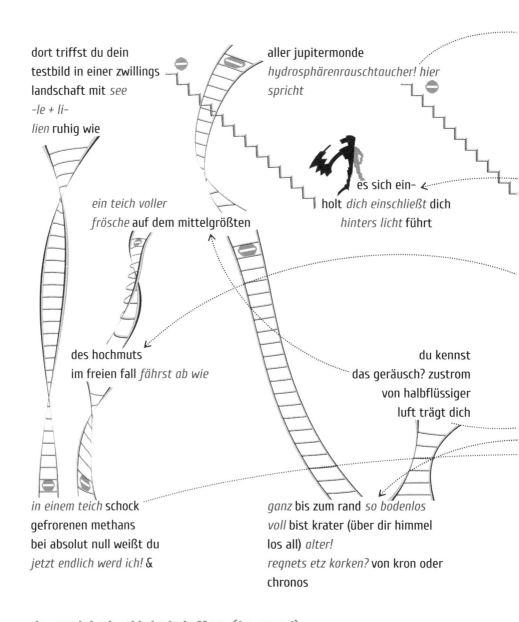

dort triffst du dein
testbild in einer zwillings
landschaft mit *see*
-le + li-
lien ruhig wie

ein teich voller
frösche auf dem mittelgrößten

aller jupitermonde
hydrosphärenrauschtaucher! hier
spricht

es sich ein-
holt *dich einschließt* dich
hinters licht führt

des hochmuts
im freien fall *fährst ab wie*

du kennst
das geräusch? zustrom
von halbflüssiger
luft trägt dich

in einem teich schock
gefrorenen methans
bei absolut null weißt du
jetzt endlich werd ich! &

ganz bis zum rand *so bodenlos*
voll bist krater (über dir himmel
los all) *alter!*
regnets etz korken? von kron oder
chronos

du sprichst mit kristallen (im mund)

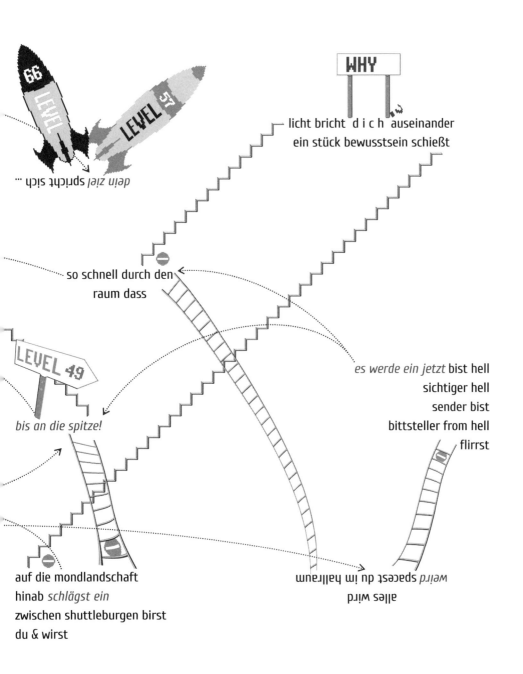

WHY

licht bricht d i c h auseinander
ein stück bewusstsein schießt

dein ziel spricht sich ...

so schnell durch den
raum dass

LEVEL 49

es werde ein jetzt bist hell
sichtiger hell
sender bist
bittsteller from hell
flirrst

bis an die spitze!

auf die mondlandschaft
hinab *schlägst ein*
zwischen shuttleburgen birst
du & wirst

weird spacest du im hallraum
alles wird

PLEASE WAIT,
LOADING NEXT WORLD ...

PLEASE SCAN QR-CODE
FOR SFX / SOUND!

VERBRANNTE ERDE

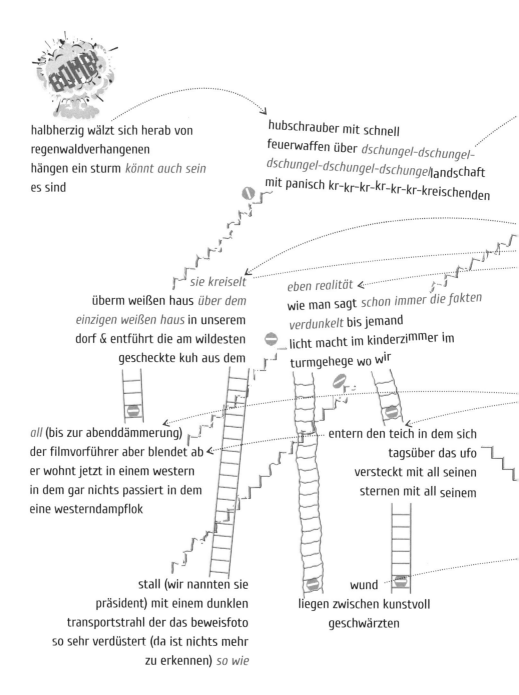

halbherzig wälzt sich herab von
regenwaldverhangenen
hängen ein sturm *könnt auch sein*
es sind

hubschrauber mit schnell
feuerwaffen über *dschungel-dschungel-*
*dschungel-dschungel-dschungel*landschaft
mit panisch kr-kr-kr-kr-kr-kr-kreischenden

sie kreiselt
überm weißen haus *über dem*
einzigen weißen haus in unserem
dorf & entführt die am wildesten
gescheckte kuh aus dem

eben realität
wie man sagt *schon immer die fakten*
verdunkelt bis jemand
licht macht im kinderzimmer im
turmgehege wo wir

all (bis zur abenddämmerung)
der filmvorführer aber blendet ab
er wohnt jetzt in einem western
in dem gar nichts passiert in dem
eine westerndampflok

entern den teich in dem sich
tagsüber das ufo
versteckt mit all seinen
sternen mit all seinem

stall (wir nannten sie
präsident) mit einem dunklen
transportstrahl der das beweisfoto
so sehr verdüstert (da ist nichts mehr
zu erkennen) *so wie*

wund
liegen zwischen kunstvoll
geschwärzten

im trailer die chemtrails der apokalyptischen reiter

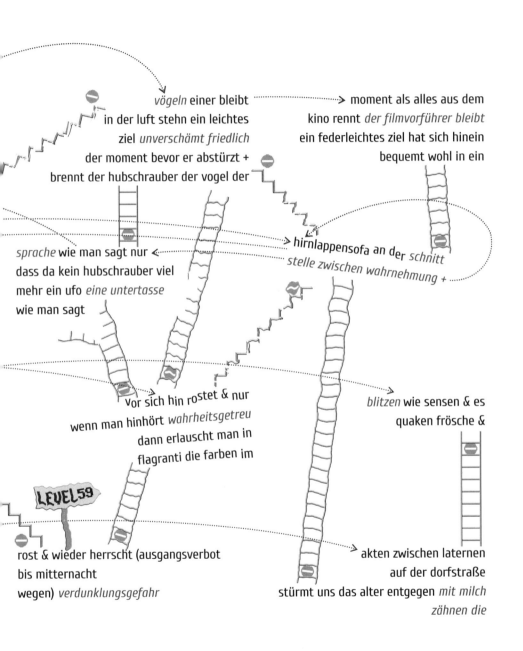

vögeln einer bleibt
in der luft stehn ein leichtes
ziel *unverschämt friedlich*
der moment bevor er abstürzt +
brennt der hubschrauber der vogel der

moment als alles aus dem
kino rennt *der filmvorführer bleibt*
ein federleichtes ziel hat sich hinein
bequemt wohl in ein

sprache wie man sagt nur
dass da kein hubschrauber viel
mehr ein ufo *eine untertasse*
wie man sagt

hirnlappensofa an der *schnitt
stelle zwischen wahrnehmung* +

vor sich hin rostet & nur
wenn man hinhört *wahrheitsgetreu*
dann erlauscht man in
flagranti die farben im

blitzen wie sensen & es
quaken frösche &

LEVEL 59

rost & wieder herrscht (ausgangsverbot
bis mitternacht
wegen) *verdunklungsgefahr*

akten zwischen laternen
auf der dorfstraße
stürmt uns das alter entgegen *mit milch
zähnen die*

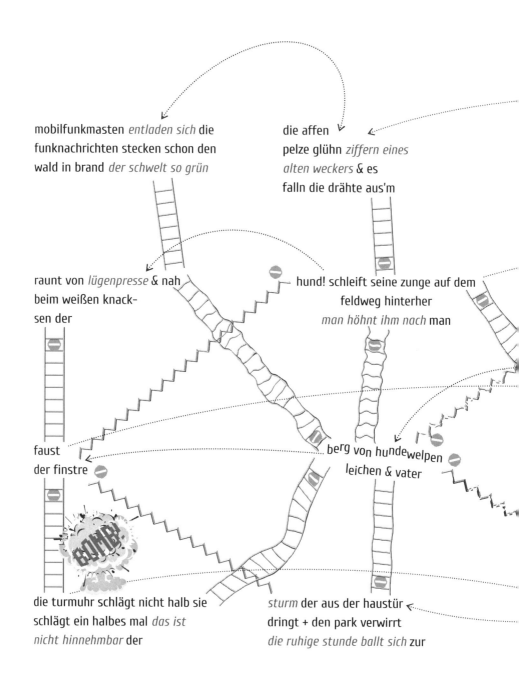

mobilfunkmasten *entladen sich* die
funknachrichten stecken schon den
wald in brand *der schwelt so grün*

die affen
pelze glühn *ziffern eines
alten weckers* & es
falln die drähte aus'm

raunt von *lügenpresse* & nah
beim weißen knack-
sen der

hund! schleift seine zunge auf dem
feldweg hinterher
man höhnt ihm nach man

faust
der finstre

berg von hundewelpen
leichen & vater

die turmuhr schlägt nicht halb sie
schlägt ein halbes mal *das ist
nicht hinnehmbar* der

sturm der aus der haustür
dringt + den park verwirrt
die ruhige stunde ballt sich zur

memento mori eines obstkistenpredigers

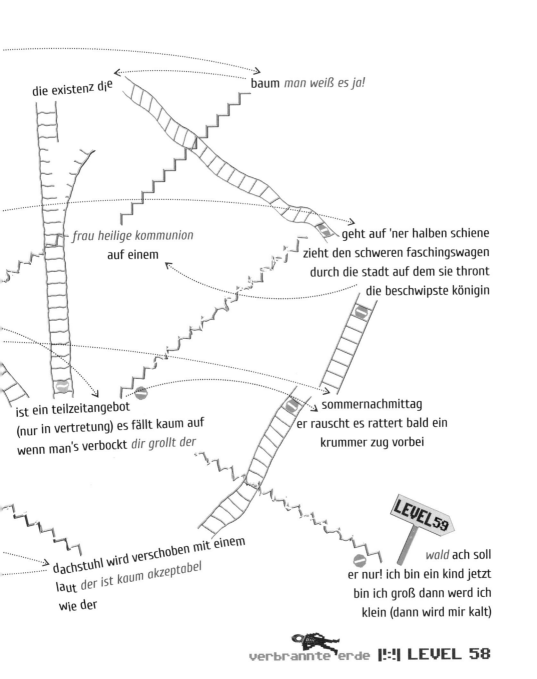

die existenz di^e

baum *man weiß es ja!*

frau heilige kommunion
auf einem

geht auf 'ner halben schiene
zieht den schweren faschingswagen
durch die stadt auf dem sie thront
die beschwipste königin

ist ein teilzeitangebot
(nur in vertretung) es fällt kaum auf
wenn man's verbockt *dir grollt der*

sommernachmittag
er rauscht es rattert bald ein
krummer zug vorbei

dachstuhl wird verschoben mit einem
laut *der ist kaum akzeptabel*
wie der

LEVEL 59

wald ach soll
er nur! ich bin ein kind jetzt
bin ich groß dann werd ich
klein (dann wird mir kalt)

verbrannte erde |!:!| LEVEL 58

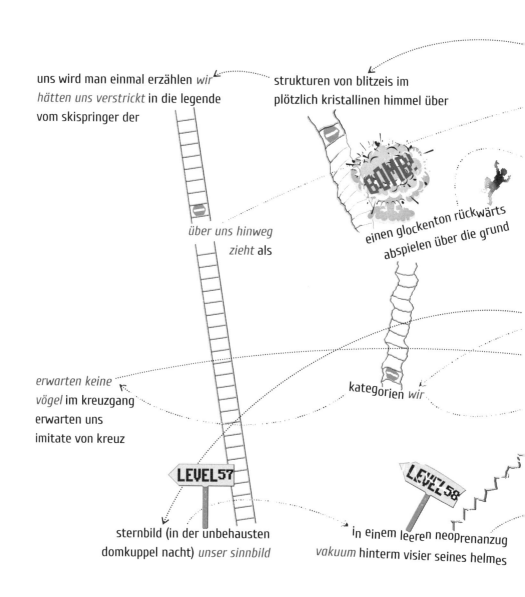

uns wird man einmal erzählen *wir*
hätten uns verstrickt in die legende
vom skispringer der

strukturen von blitzeis im
plötzlich kristallinen himmel über

über uns hinweg
zieht als

einen glockenton rückwärts
abspielen über die grund

erwarten keine
vögel im kreuzgang
erwarten uns
imitate von kreuz

kategorien *wir*

LEVEL 57

LEVEL 58

sternbild (in der unbehausten
domkuppel nacht) *unser sinnbild*

in einem leeren neoprenanzug
vakuum hinterm visier seines helmes

aussicht auf kommende tage

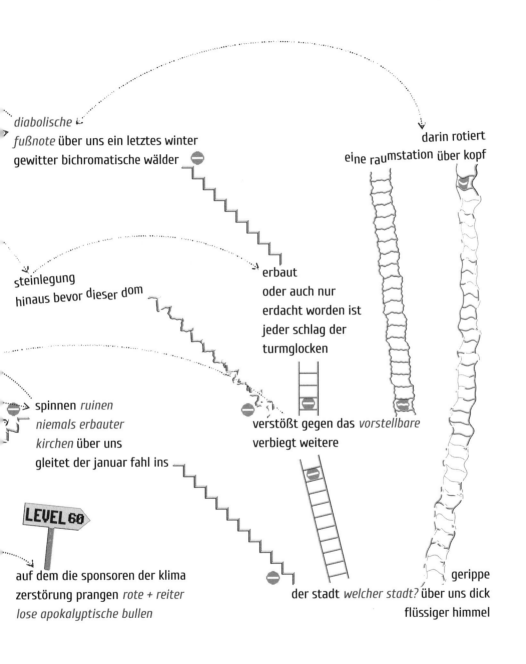

diabolische
fußnote über uns ein letztes winter
gewitter bichromatische wälder

darin rotiert
eine raumstation über kopf

steinlegung
hinaus bevor dieser dom

erbaut
oder auch nur
erdacht worden ist
jeder schlag der
turmglocken

spinnen *ruinen*
niemals erbauter
kirchen über uns
gleitet der januar fahl ins

verstößt gegen das *vorstellbare*
verbiegt weitere

LEVEL 60 ▶

auf dem die sponsoren der klima
zerstörung prangen *rote + reiter*
lose apokalyptische bullen

gerippe
der stadt *welcher stadt?* über uns dick
flüssiger himmel

ihre daten & was da hupt *der frei*
ton deiner angst deines pur
purnen ensetzens

wie brause schäumt
der morgen zwischen den
ritzen hervor (grau der himmel
wie in einer kirche)
hörst du *wie*

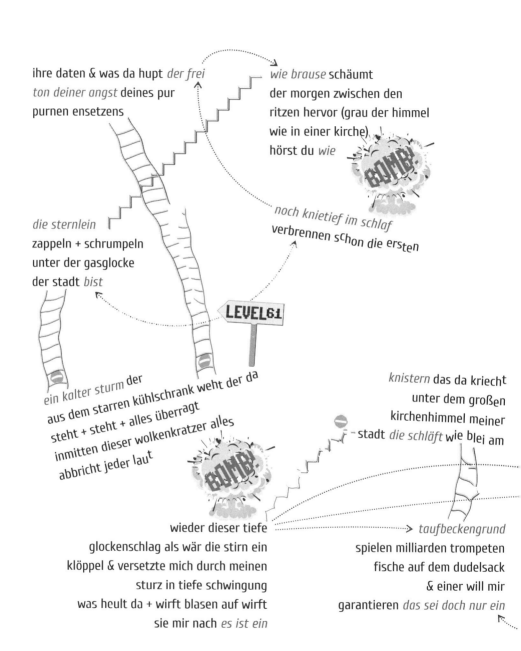

die sternlein
zappeln + schrumpeln
unter der gasglocke
der stadt *bist*

noch knietief im schlaf
verbrennen schon die ersten

LEVEL61

ein kalter sturm der
aus dem starren kühlschrank weht der da
steht + steht + alles überragt
inmitten dieser wolkenkratzer alles
abbricht jeder laut

knistern das da kriecht
unter dem großen
kirchenhimmel meiner
stadt *die schläft* wie blei am

wieder dieser tiefe
glockenschlag als wär die stirn ein
klöppel & versetzte mich durch meinen
sturz in tiefe schwingung
was heult da + wirft blasen auf wirft
sie mir nach *es ist ein*

taufbeckengrund
spielen milliarden trompeten
fische auf dem dudelsack
& einer will mir
garantieren *das sei doch nur ein*

die durch mein aufwachen in einen albtraum versetzte stadt

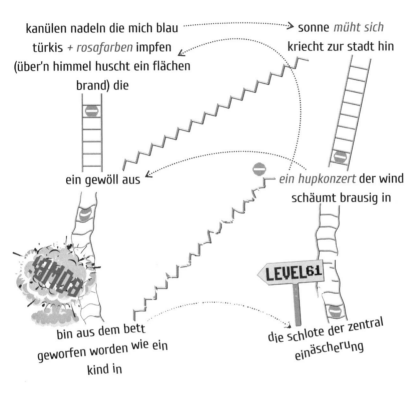

kanülen nadeln die mich blau ┈┈┈┈> sonne *müht sich*
türkis + *rosafarben* impfen ⟵┈┈┈ kriecht zur stadt hin
(über'n himmel huscht ein flächen
brand) die

ein gewöll aus ⟵┈┈┈┈ *ein hupkonzert* der wind
schäumt brausig in

bin aus dem bett
geworfen worden wie ein
kind in

die schlote der zentral
einäscherung

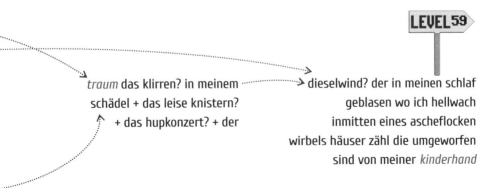

traum das klirren? in meinem ┈┈┈> dieselwind? der in meinen schlaf
schädel + das leise knistern? geblasen wo ich hellwach
+ das hupkonzert? + der inmitten eines ascheflocken
wirbels häuser zähl die umgeworfen
sind von meiner *kinderhand*

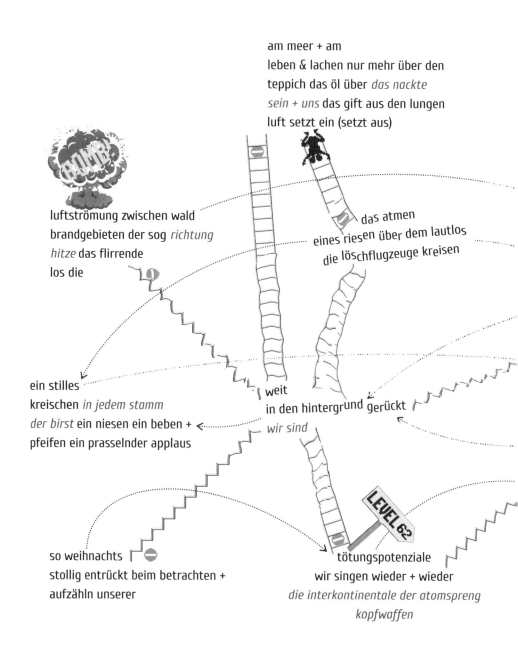

am meer + am
leben & lachen nur mehr über den
teppich das öl über *das nackte*
sein + uns das gift aus den lungen
luft setzt ein (setzt aus)

luftströmung zwischen wald
brandgebieten der sog *richtung*
hitze das flirrende
los die

das atmen
eines riesen über dem lautlos
die löschflugzeuge kreisen

ein stilles
kreischen *in jedem stamm*
der birst ein niesen ein beben +
pfeifen ein prasselnder applaus

weit
in den hintergrund gerückt
wir sind

so weihnachts
stollig entrückt beim betrachten +
aufzähln unserer

LEVEL 62

tötungspotenziale
wir singen wieder + wieder
die interkontinentale der atomspreng
kopfwaffen

fliege am fenster weck mich

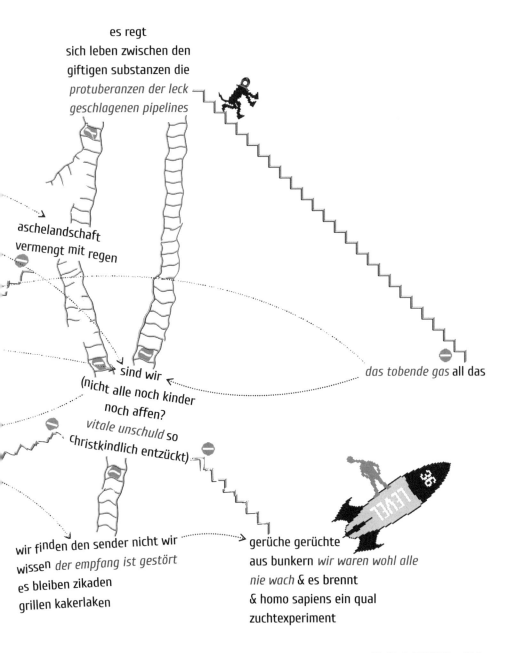

es regt
sich leben zwischen den
giftigen substanzen die
protuberanzen der leck
geschlagenen pipelines

aschelandschaft
vermengt mit regen

sind wir
(nicht alle noch kinder
noch affen?
vitale unschuld so
Christkindlich entzückt)

das tobende gas all das

wir finden den sender nicht wir
wissen *der empfang ist gestört*
es bleiben zikaden
grillen kakerlaken

gerüche gerüchte
aus bunkern *wir waren wohl alle*
nie wach & es brennt
& homo sapiens ein qual
zuchtexperiment

verbrannte erde |:·| LEVEL 61

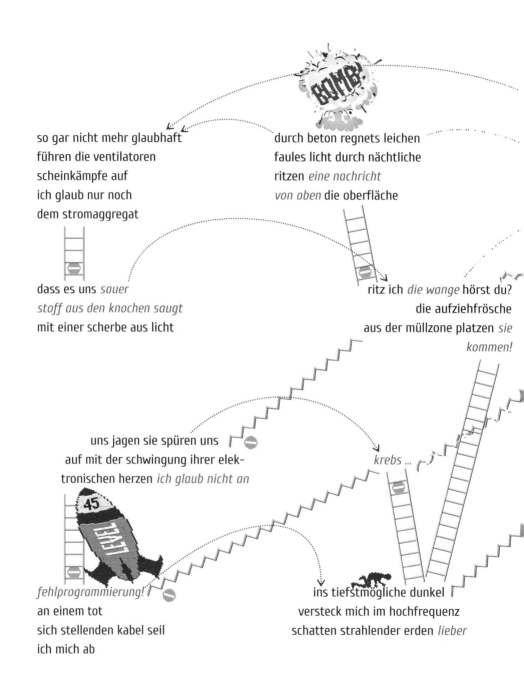

so gar nicht mehr glaubhaft
führen die ventilatoren
scheinkämpfe auf
ich glaub nur noch
dem stromaggregat

durch beton regnets leichen
faules licht durch nächtliche
ritzen *eine nachricht*
von oben die oberfläche

dass es uns *sauer*
stoff aus den knochen saugt
mit einer scherbe aus licht

ritz ich *die wange* hörst du?
die aufziehfrösche
aus der müllzone platzen *sie*
kommen!

uns jagen sie spüren uns
auf mit der schwingung ihrer elek-
tronischen herzen *ich glaub nicht an*

krebs ...

45

LEVEL

fehlprogrammierung!
an einem tot
sich stellenden kabel seil
ich mich ab

ins tiefstmögliche dunkel
versteck mich im hochfrequenz
schatten strahlender erden *lieber*

botanischer bunker

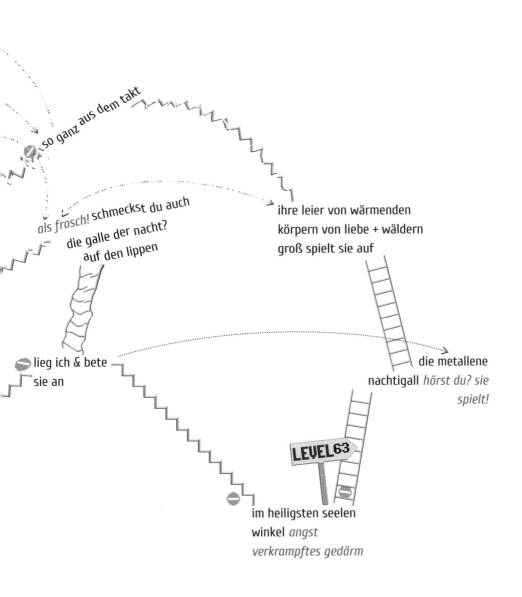

so ganz aus dem takt

als *frosch!* schmeckst du auch
die galle der nacht?
auf den lippen

ihre leier von wärmenden
körpern von liebe + wäldern
groß spielt sie auf

lieg ich & bete
sie an

die metallene
nachtigall *hörst du? sie
spielt!*

LEVEL 63

im heiligsten seelen
winkel *angst
verkrampftes gedärm*

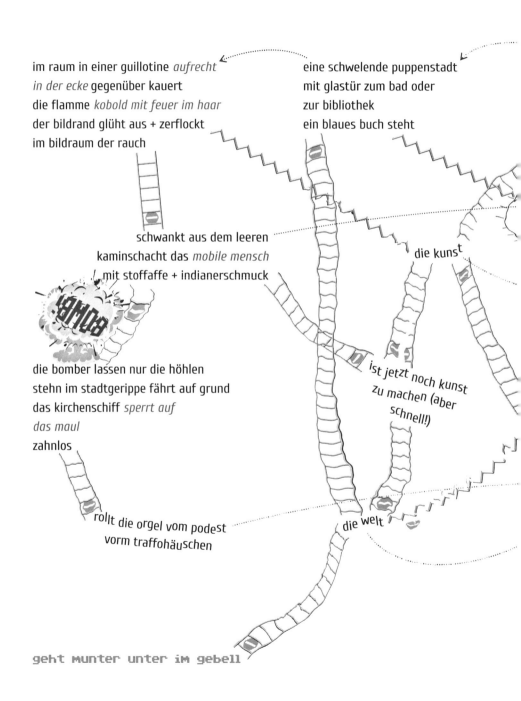

im raum in einer guillotine *aufrecht*
in der ecke gegenüber kauert
die flamme *kobold mit feuer im haar*
der bildrand glüht aus + zerflockt
im bildraum der rauch

eine schwelende puppenstadt
mit glastür zum bad oder
zur bibliothek
ein blaues buch steht

schwankt aus dem leeren
kaminschacht das *mobile mensch*
mit stoffaffe + indianerschmuck

die kunst

BÖMB!

ist jetzt noch kunst
zu machen (aber
schnell!)

die bomber lassen nur die höhlen
stehn im stadtgerippe fährt auf grund
das kirchenschiff *sperrt auf*
das maul
zahnlos

rollt die orgel vom podest
vorm traffohäuschen

die welt

geht munter unter im gebell

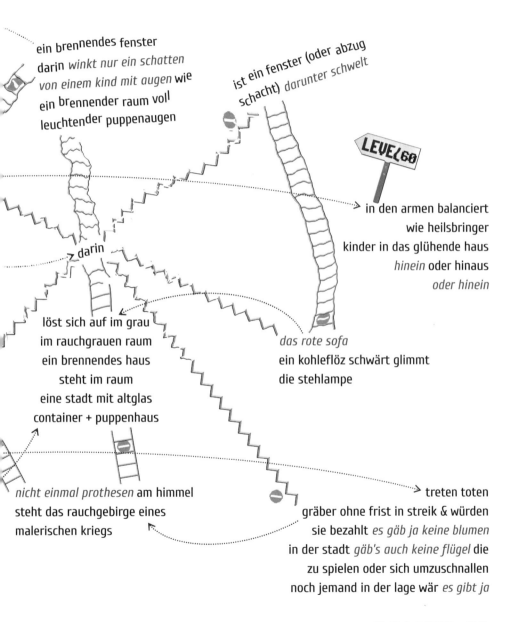

ein brennendes fenster
darin *winkt nur ein schatten*
von einem kind mit augen wie
ein brennender raum voll
leuchtender puppenaugen

ist ein fenster (oder abzug
schacht) *darunter schwelt*

LEVEL60

in den armen balanciert
wie heilsbringer
kinder in das glühende haus
hinein oder hinaus
oder hinein

darin

löst sich auf im grau
im rauchgrauen raum
ein brennendes haus
steht im raum
eine stadt mit altglas
container + puppenhaus

das rote sofa
ein kohleflöz schwärt glimmt
die stehlampe

nicht einmal prothesen am himmel
steht das rauchgebirge eines
malerischen kriegs

treten toten
gräber ohne frist in streik & würden
sie bezahlt *es gäb ja keine blumen*
in der stadt *gäb's auch keine flügel* die
zu spielen oder sich umzuschnallen
noch jemand in der lage wär *es gibt ja*

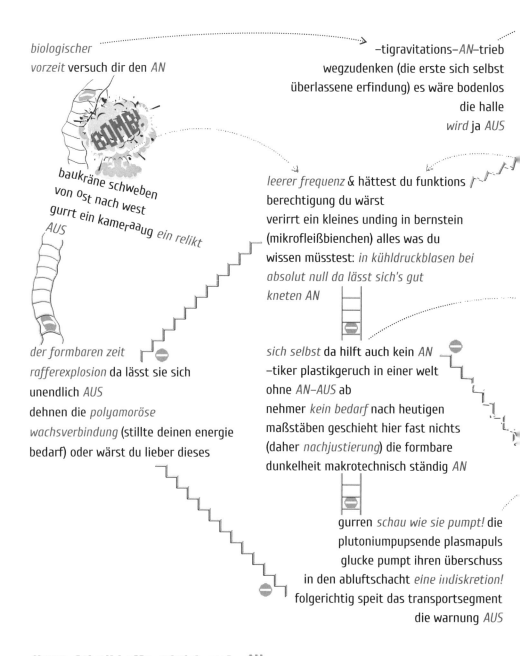

biologischer
vorzeit versuch dir den *AN*

–tigravitations–*AN*–trieb
wegzudenken (die erste sich selbst
überlassene erfindung) es wäre bodenlos
die halle
wird ja *AUS*

baukräne schweben
von ost nach west
gurrt ein kameraaug ein relikt
AUS

leerer frequenz & hättest du funktions
berechtigung du wärst
verirrt ein kleines unding in bernstein
(mikrofleißbienchen) alles was du
wissen müsstest: *in kühldruckblasen bei*
absolut null da lässt sich's gut
kneten AN

der formbaren zeit
rafferexplosion da lässt sie sich
unendlich *AUS*
dehnen die *polyamoröse*
wachsverbindung (stillte deinen energie
bedarf) oder wärst du lieber dieses

sich selbst da hilft auch kein *AN*
–tiker plastikgeruch in einer welt
ohne *AN–AUS* ab
nehmer *kein bedarf* nach heutigen
maßstäben geschieht hier fast nichts
(daher *nachjustierung*) die formbare
dunkelheit makrotechnisch ständig *AN*

gurren *schau wie sie pumpt!* die
plutoniumpupsende plasmapuls
glucke pumpt ihren überschuss
in den abluftschacht *eine indiskretion!*
folgerichtig speit das transportsegment
die warnung *AUS*

diese fabrikhalle steht auf –AN–

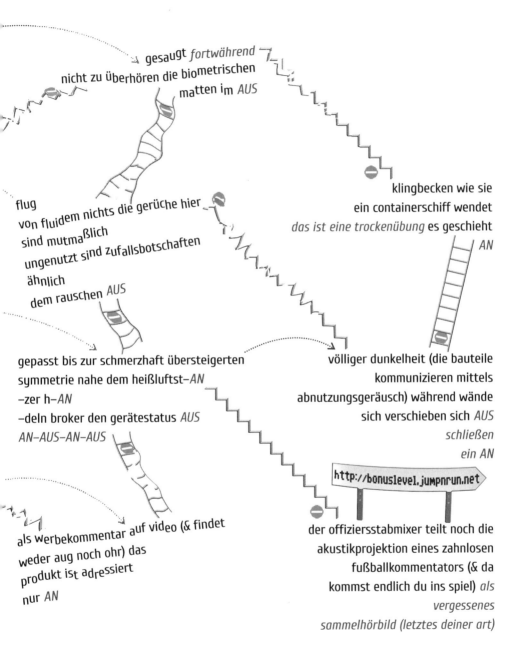

gesaugt *fortwährend*
nicht zu überhören die biometrischen
matten im AUS

klingbecken wie sie
ein containerschiff wendet
das ist eine trockenübung es geschieht
AN

flug
von fluidem nichts die gerüche hier
sind mutmaßlich
ungenutzt sind zufallsbotschaften
ähnlich
dem rauschen AUS

gepasst bis zur schmerzhaft übersteigerten
symmetrie nahe dem heißluftst–AN
–zer h–AN
–deln broker den gerätestatus AUS
AN–AUS–AN–AUS

völliger dunkelheit (die bauteile
kommunizieren mittels
abnutzungsgeräusch) während wände
sich verschieben sich AUS
schließen
ein AN

http://bonuslevel.jumpnrun.net

als werbekommentar auf video (& findet
weder aug noch ohr) das
produkt ist adressiert
nur AN

der offiziersstabmixer teilt noch die
akustikprojektion eines zahnlosen
fußballkommentators (& da
kommst endlich du ins spiel) *als*
vergessenes
sammelhörbild (letztes deiner art)

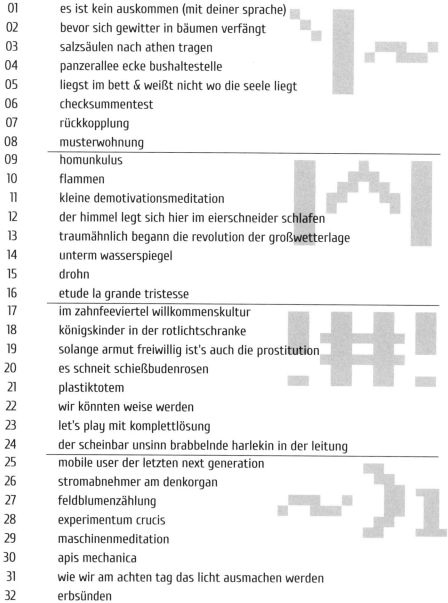

01   es ist kein auskommen (mit deiner sprache)

02   bevor sich gewitter in bäumen verfängt

03   salzsäulen nach athen tragen

04   panzerallee ecke bushaltestelle

05   liegst im bett & weißt nicht wo die seele liegt

06   checksummentest

07   rückkopplung

08   musterwohnung

testumgebung im himmel

09   homunkulus

10   flammen

11   kleine demotivationsmeditation

12   der himmel legt sich hier im eierschneider schlafen

13   traumähnlich begann die revolution der großwetterlage

14   unterm wasserspiegel

15   drohn

16   etude la grande tristesse

gated community

17   im zahnfeeviertel willkommenskultur

18   königskinder in der rotlichtschranke

19   solange armut freiwillig ist's auch die prostitution

20   es schneit schießbudenrosen

21   plastiktotem

22   wir könnten weise werden

23   let's play mit komplettlösung

24   der scheinbar unsinn brabbelnde harlekin in der leitung

rotlichtverschiebebahnhof

25   mobile user der letzten next generation

26   stromabnehmer am denkorgan

27   feldblumenzählung

28   experimentum crucis

29   maschinenmeditation

30   apis mechanica

31   wie wir am achten tag das licht ausmachen werden

32   erbsünden

forschungskomplex

inhaltsverzeichnis

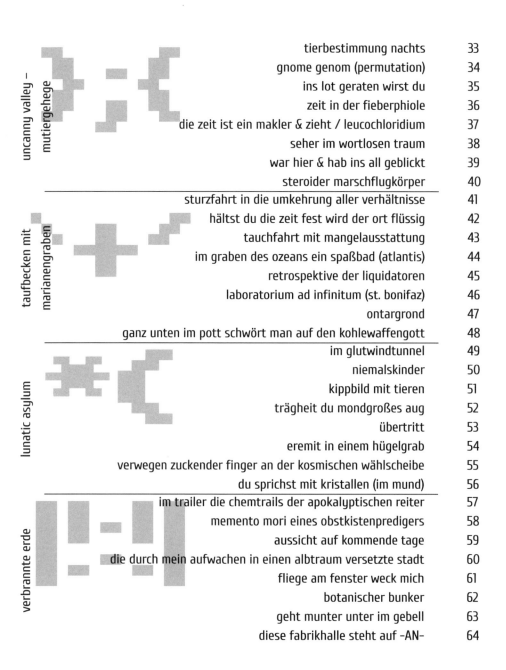

uncanny valley – mutiergehege

tierbestimmung nachts 33
gnome genom (permutation) 34
ins lot geraten wirst du 35
zeit in der fieberphiole 36
die zeit ist ein makler & zieht / leucochloridium 37
seher im wortlosen traum 38
war hier & hab ins all geblickt 39
steroider marschflugkörper 40

taufbecken mit marianengraben

sturzfahrt in die umkehrung aller verhältnisse 41
hältst du die zeit fest wird der ort flüssig 42
tauchfahrt mit mangelausstattung 43
im graben des ozeans ein spaßbad (atlantis) 44
retrospektive der liquidatoren 45
laboratorium ad infinitum (st. bonifaz) 46
ontargrond 47
ganz unten im pott schwört man auf den kohlewaffengott 48

lunatic asylum

im glutwindtunnel 49
niemalskinder 50
kippbild mit tieren 51
trägheit du mondgroßes aug 52
übertritt 53
eremit in einem hügelgrab 54
verwegen zuckender finger an der kosmischen wählscheibe 55
du sprichst mit kristallen (im mund) 56

verbrannte erde

im trailer die chemtrails der apokalyptischen reiter 57
memento mori eines obstkistenpredigers 58
aussicht auf kommende tage 59
die durch mein aufwachen in einen albtraum versetzte stadt 60
fliege am fenster weck mich 61
botanischer bunker 62
geht munter unter im gebell 63
diese fabrikhalle steht auf –AN– 64

GAME

OVER

LEVEL 66

Encounters (Places, Items) + Score

[Common]

Insekten	10 Pts.
Voegel	20 Pts.
Saeugetiere	25 Pts.
Himmelskoerper	25 Pts.
Eislandschaften	50 Pts.
Amphibien + Schnecken	50 Pts.

[Rare]

Humanoide Wesen	100 Pts.
Goettliche Entitaeten	200 Pts.
Minions	250 Pts.
Traktoren	300 Pts.
Kriegsgeraete	400 Pts.
Unbekannte Technologien	500 Pts.

[Legendary]

Nieselwaelder	1000 Pts.
Wutbuergerin	1250 Pts.
Arschfalte	1500 Pts.
Endzeitagentur	1750 Pts.
Hoehlenmensch	2000 Pts.
Pferdemajor	2250 Pts.
Brathaehnchenputten	2500 Pts.
Uchtack	2800 Pts.
Paradoxum	3330 Pts.
Zwillingslandschaft	4000 Pts.
Schaedelbergwerk	4000 Pts.
Plasmapulsglucke	5555 Pts.

HIGH SCORES

	Player	Pts.
01.	QWERTY.....................	10865500
02.	Player_One.................	132945
03.	Chris_S;...................	71010
04.	N00b!!1!...................	57115
05.	puppycfalvi2123............	56020
06.	PLAyER99...................	33330
07.	LuegeNfresSe...............	28365
08.	Andreas.H..................	12095
09.	Hamburger*007..............	11200
10.	_-!ImpeRator!-_............	8750

SPECIAL THANKS TO

Margot
für unermessliche Unterstützung

Michael Ammann
für den Schlüssel zu den Klanglandschaften, die hier vielen Gedichten zugrunde liegen

Stadt Tuebingen
für das sommerliche Refugium am Friedhof und Unterstützung in heißer Endphase